Des CHIENS
& des HOMMES

Des CHIENS & des HOMMES

Les plus beaux reportages du magazine Dogs à travers le monde

ULMER

Page précédente : Le chien norvégien de macareux tire son nom des oiseaux du même nom qu'il chassait autrefois sur les falaises des îles norvégiennes Lofoten. On le connaît également sous son nom norvégien de Lundehund (littéralement « chien à macareux »). Depuis, les chiens ont été délaissés au profit des filets.

Ci-dessus : Des enfants de l'île vietnamienne de Phú Quôc jouent avec des chiots appartenant à une race indigène, le chien de Phú Quôc. Les animaux vivent en liberté, et personne ne sait d'où ils viennent. D'aucuns pensent qu'ils sont apparentés au chien de Rhodésie à crête dorsale, originaire d'Afrique du Sud.

SOMMAIRE

À gauche : Dans son pays d'origine, la Turquie, le Kangal protège les moutons contre les loups.
Pages suivantes : Les bergers d'Islande sont des chiens pleins d'énergie et bagarreurs.

Ci-dessus : Sans chiens, les hommes auraient dû se contenter de chasser avec des pièges. Auparavant, les chiens de chasse suivaient la piste d'un chevreuil, ou les traces de sang laissées par un lièvre blessé. La chasse à courre étant désormais interdite en Angleterre, les meutes de vénerie suivent une piste artificielle.

Page suivante : Lors d'un concours de conduite de troupeau de rennes, un berger finnois de Laponie (ou Lapinporokoira) bat en retraite — pour repartir aussitôt à toute allure. Ce chien prend un véritable plaisir à conduire les troupeaux de rennes ; il a ça dans le sang, et sait prendre garde aux coups de sabot.

À LA CONQUÊTE DU MONDE

Avant-propos du Dr Hellmut Wachtel

De tous les animaux qui peuplent la terre, les chiens sont les plus proches de l'homme — non d'un point de vue génétique, mais social. Seule une petite minorité de peuplades ne possèdent pas de chiens. Selon nos connaissances actuelles, les habitants du sud de la Chine ont commencé à domestiquer le loup chinois voici quelque 16 000 ans, lorsqu'ils se sont sédentarisés et ont commencé à cultiver le riz. Il est probable que les Chinois aient d'abord élevé les chiens pour leur viande, mais sans le savoir, ils ont tiré le bon numéro. Par la suite, les chiens, devenus des protecteurs, ont rendu la vie des hommes plus sûre ; bientôt, ils les ont aidés à domestiquer d'autres animaux, à chasser et à débusquer le gibier dans les zones les plus reculées. Ainsi, les chiens se sont répandus comme une traînée de poudre partout où il y avait des hommes pour s'attacher leurs services. Ils sont devenus nos meilleurs amis et se sont rendus indispensables à notre civilisation. Ainsi, le chien, ou plus exactement le loup sous sa forme domestiquée, a désormais conquis le monde avec l'aide de l'homme. Et d'ailleurs, la réciproque est vraie. On compte aujourd'hui quelque 500 millions de chiens, mais seulement quelques milliers de représentants de sa forme sauvage, le loup. Le chien a poursuivi son évolution, il est devenu un véritable partenaire qui demeure tout aussi indispensable dans notre monde moderne, civilisé et technologique. Outre les nombreux services qu'il rend déjà, il est également mis à contribution par la médecine et la psychothérapie, ou comme partenaire sportif. Il est un membre à part entière de nombreuses familles et exerce beaucoup d'autres fonctions d'une incroyable diversité. Aucun autre animal domestique n'est aussi proche de nous, ne nous comprend aussi bien ni ne se montre aussi soucieux de nous aider, de se rendre utile et de nous protéger lorsque nous en avons besoin. Il est le seul avec lequel nous pouvons partager autant d'activités sportives et de loisirs. Les races sont d'une diversité sans pareille dans le monde des animaux domestiques, notamment en ce qui concerne la taille. Les chiens peuvent peser entre un et cent kilos, il n'en demeure pas moins qu'ils appartiennent tous à la même espèce. On a découvert récemment que les chiens offrent des possibilités nouvelles et insoupçonnées à la science. Un grand nombre de maladies touchant ces animaux affectent également l'espèce humaine, et souvent, les gènes responsables de ces maladies peuvent être localisés plus rapidement chez nos amis à quatre pattes que chez l'homme. Ainsi, les recherches sur le cancer menées chez le chien sont également exploitées par la médecine humaine, et la race de chiens concernée tire également profit des résultats de ces recherches. Les chercheurs ont des « sujets d'expérience » à disposition, et n'ont pas besoin d'entretenir leur propre élevage, comme c'est souvent le cas habituellement. Cela constitue un immense avantage pour la recherche médicale, qui profite tant aux chiens qu'aux hommes. On compte aujourd'hui quelque 500 races, dont 350 sont reconnues par les associations internationales d'éleveurs. Le présent ouvrage donne un aperçu de la diversité des chiens en termes d'apparence physique, de rôle social et d'aptitudes, ainsi que des liens spirituels qui nous unissent à ces compagnons uniques.

Le Dr Hellmut Wachtel, ingénieur agronome et chercheur spécialiste des chiens, se consacre depuis plusieurs décennies à la santé par l'élevage de chiens de race.

À droite : les chiens de Phú Quôc vivent en totale liberté, et se montrent pourtant extrêmement confiants.

PARTENAIRES

Le chien nous accompagne depuis des millénaires. Il s'est adapté
au goût de l'homme pour les voyages, et le suit aux quatre coins
du monde. Ses aptitudes lui permettent d'exercer un grand nombre
de fonctions, selon le mode de vie des peuples qu'il accompagne.
Et pourtant, nous portons sur le chien un regard plein de contradictions:
certains le vénèrent, d'autres le chassent, d'autres encore le considèrent
comme leur égal. Suivons les traces des CHIENS AUTOUR DU MONDE.

En Afrique de l'Est, les chiens des Massaïs appartiennent au type « Africanis », les chiens primitifs de la ceinture équatoriale. Ils sont de taille moyenne, très sveltes, à poils courts. Leur robe est de couleur sable, fauve ou fauve clair. La plupart ont des oreilles droites. Petits, ils sont les compagnons de jeu des enfants. Adultes, ils accompagnent les nomades lors de leurs déplacements.

PAGE PRÉCÉDENTE :
FEMMES CHEVAUCHANT DES RENNES

Nord-Ouest de la Mongolie: des jeunes filles appartenant au peuple des Tsaatan (« le peuple des rennes ») accompagnées de leur chien, un nordique de type Laïka.

Parangon au Nicaragua
IGNORÉ COMME LAZARE

Une femme et son chien lors de la fête de Lazare célébrée à Masaya, au Nicaragua. Selon le récit biblique, le chien, contrairement à l'homme, n'a pas ignoré Lazare, gravement malade, mais a léché ses blessures. Ainsi, les croyants viennent à l'église pour faire bénir leur chien. Récemment, le Nicaragua a fait les gros titres des journaux lorsque l'artiste Guillermo Vargas a enchaîné un chien errant dans une galerie d'art et l'a laissé mourir de faim. Les visiteurs ont admiré le chien, mais n'ont rien fait pour le sauver.

CHIEN DE GARDE
SIESTE AUX PIEDS DES FEMMES

GARDIEN DE TROUPEAU AU SALVADOR

DES CHIENS CORIACES

Les chiens des bouviers d'Amérique latine descendent majoritairement des chiens de berger et de bouvier européens, c'est-à-dire des chiens utilisés pour garder le bétail. En raison d'une sélection menée exclusivement sur la base de critères de performances, ces chiens ont une apparence physique peu homogène, mais constituent des auxiliaires fiables, très opiniâtres et résistants. Le chien de bouvier de la photographie ci-dessus attend une petite récompense après l'abattage du bœuf.

MEMBRE DE CLAN EN PAPOUASIE OCCIDENTALE

FRÈRES DE LA JUNGLE

Les Korowai, un peuple isolé, vivent dans des maisons construites à la cime des arbres. Ils évitent rigoureusement tout contact avec le monde extérieur et considèrent les intrus comme des ennemis. Ils élèvent leurs chiens quasiment comme leurs propres enfants. Étant donné que leurs compagnons à quatre pattes partagent leurs habitations, ils doivent être hissés dans les maisons à l'heure du coucher. Ils les accompagnent également au travail, comme lors de l'abattage de cette palme de sagou.

Sans l'homme, le chien n'aurait pas existé. Créé par l'homme, dont il a été le premier animal domestique, à partir du loup, son existence remonte à la nuit des temps. D'aucuns pensent qu'il devait y avoir un projet bien précis, une idée fondamentale derrière la nécessité de posséder un animal domestique. Sinon, pourquoi l'homme se serait-il efforcé de domestiquer un animal sauvage tel que le loup ? Pendant longtemps, on a cru que nos ancêtres recherchaient simplement un compagnon de chasse ou une gentille boule de poils pour leurs enfants. Que nenni ! La première fonction dévolue au chien n'avait rien à voir avec ses capacités. Des études génétiques ont permis au biologiste moléculaire suédois Peter Savolainen de découvrir l'endroit auquel la domestication du loup a vraisemblablement commencé : en Chine, au sud du fleuve Yangtsé, il y a environ 16 000 ans. Les ancêtres du chien, une population relativement importante de loups, n'étaient pas considérés comme des compagnons de chasse, ni comme des camarades de jeu pour les enfants. D'après le chercheur, il semblerait qu'ils passaient plutôt à la casserole. Toutefois, l'homme a dû être fasciné par un aspect ou un autre de *Canis familiaris*, nom zoologique du chien domestique. Un aspect qui allait bien au-delà de son intérêt culinaire. Car le plus ancien animal domestique de l'homme s'est répandu comme une traînée de poudre à la surface de la Terre. Les cuisiniers de l'époque s'étaient-ils enfin rendu compte de ses innombrables talents ? Bientôt, partout où il y avait des hommes, on pouvait trouver des chiens auxquels étaient dévolues des fonctions bien précises, qui se sont diversifiées et ont évolué en fonction des civilisations. Certaines de ces fonctions sont encore d'actualité aujourd'hui, d'autres sont tombées dans l'oubli. D'autres encore paraissent extrêmement surprenantes aux yeux des Occidentaux.

Chien d'attelage ou de bât en Amérique du Nord

Comme les éducatrices canines Nicole Hoefs et Petra Führmann le décrivent dans un ouvrage publié récemment en Allemagne, les tribus amérindiennes de la grande prairie partageaient leur vie avec un grand nombre de chiens indiens, vifs et de petite taille. Comme il n'y avait pas encore de chevaux, ces chiens étaient attelés à des travois, des sortes de traîneaux, pour transporter les charges. Cette tâche était plus précisément dévolue aux femmes, car c'est à elles qu'incombait la responsabilité du transport des charges. Une règle prévalait parmi de nombreux peuples primitifs : les chiens étaient une affaire de femmes. Les hommes s'en occupaient rarement, sauf lorsqu'ils partaient à la chasse. C'est ce qui a poussé Erik Zimen, chercheur spécialiste du loup, à élaborer sa propre théorie en ce qui concerne la domestication du loup. Selon lui, des femmes auraient nourri des louveteaux orphelins au sein et les auraient ainsi habitués à l'homme. Certes, la thèse d'Erik Zimen concernant la transformation du loup en chien n'est pas défendable d'un point de vue scientifique. Mais le fait que l'homme traite le chien comme un enfant ne relève pas d'une simple lubie de nos scientifiques contemporains. En effet, chez certains peuples d'Amérique du Sud, on a déjà vu des femmes allaiter des chiots. Par exemple, pour élever un chien dont on aurait un besoin urgent pour la chasse, mais qui n'aurait eu aucune chance de survie sans lait maternel, comme le suppose Gerd Leder, cynologue, spécialiste des races et éducateur canin à Laupheim, qui collabore avec Erik Zimen.

Protecteur et guérisseur en Amérique du Sud

Certaines tribus, comme les Wai Wai du Guyana, faisaient de leurs chiens de véritables spécialistes de la chasse. Ils les formaient pendant plusieurs années avant de les vendre au prix fort. Mais parfois, les chiens sont tout simplement échangés. Nicole Hoefs et Petra Führmann rapportent que les bons chiens de chasse servent de monnaie d'échange pour payer les couvertures douillettes fabriquées par les autres tribus, cruciales pour la survie. Les chiens de chasse les plus compétents sont tenus en très haute estime par de nombreux peuples indiens, et reçoivent même une sépulture. Les Mundurucus, un peuple d'Amazonie, sont si attachés à leurs

MARGINAL AU MAROC
JEUX DANS LE DÉSERT

Pour les musulmans très croyants, le chien est un animal impur. Seuls les lévriers font exception à la règle : ils sont nobles. Pourtant, ce chien jouant dans les dunes avec un jeune Targui n'est ni un Azawakh ni un Sloughi, ces races de lévriers qui font l'objet d'un élevage ciblé et scrupuleux. Il fait partie des chiens qui survivent péniblement depuis des millénaires à proximité des villages nord-africains, et qu'il ne faut normalement pas toucher. Toutefois, il existe dans chaque culture des hommes qui aiment les animaux, et sont prêts à oublier les conventions.

chiens que ces derniers sont autorisés à dormir dans les hamacs de leurs maîtres. Même lorsqu'ils n'ont pas fait leurs preuves à la chasse, ils reçoivent une sépulture au moment de leur mort. En revanche, chez les peuples des Hautes Andes, les chiens sont principalement utilisés pour protéger le bétail, et conduisent seuls les grands troupeaux de chèvres. Afin qu'ils considèrent les animaux comme des congénères et prennent ainsi leur défense, les chiots sont allaités par les chèvres dès l'âge de cinq semaines et sont laissés en permanence sous leur garde. Toutefois, les chiens sont également capables de prouesses extraordinaires. On leur prête par exemple des vertus curatives : en 1960, il était encore courant en Argentine de faire coucher des chiens nus sur les membres douloureux. Chez de nombreux peuples du Pérou et d'Argentine, les excréments de chien bouillis ou grillés sont utilisés comme remède contre les maux de ventre. Le sang de chien entre dans la composition d'une pommade pour soigner les fractures, et l'urine de chien est censée être efficace contre les rhumatismes. Même les sécrétions oculaires ont une fonction : selon un peuple péruvien, le fait de s'en instiller dans les yeux permettrait

Chiens sans maître en Inde
DES VAGABONDS SOLITAIRES

Un pèlerin de passage sympathise avec un chien errant. L'attitude des Indiens hindous vis-à-vis des chiens va de l'indifférence à l'affection la plus profonde. En Inde, les chiens errants se laissent donc nourrir sans manifester la moindre crainte, mais conservent leur indépendance, car aucune famille ne les recueille. Il est possible que ce chien soit né d'un croisement entre des espèces indiennes de lévriers. Depuis quelques années, les cynophiles s'efforcent de préserver les races indigènes de lévriers et de chiens de chasse. Certaines sont très anciennes et remontent à l'époque des maharadjahs.

d'observer des phénomènes surnaturels. Car souvent, le chien est également un animal mystique : on dit qu'il accompagne l'âme des morts, et selon de nombreux mythes tribaux, la mère originelle est une chienne mariée à un homme.

Gouvernante et guetteur en Afrique

Un mythe similaire existe chez le peuple africain des Dan. Selon eux, l'homme et le chien sont frères. Le chien est le dernier-né de la mère originelle, et son rôle est d'assurer l'hygiène de ses frères et sœurs humains. C'est pourquoi chez les Dan, les chiens sont chargés de veiller sur les enfants en l'absence des parents, de faire le ménage et d'accompagner les enfants dans leur vie quotidienne. Lorsque les mères partent chercher de l'eau, elles confient leurs enfants aux chiens. Ces derniers s'enroulent autour des bébés et les surveillent jusqu'au retour des femmes. Chez les Turkana du Kenya, un chiot est attribué à chaque enfant qui vient au monde. Le chien suit l'enfant comme son ombre et passe toute sa vie avec lui. Il se nourrit du contenu des couches du bébé. En effet, sa principale mission est d'assurer l'hygiène de l'enfant et de la case. Il lui faut donc éliminer les excréments et lécher les fesses du bébé pour les nettoyer. Erik Zimen a passé beaucoup de temps chez les Turkana et a observé la communication entre les femmes et les chiens. Un claquement de langue de la mère, et le chien est à ses côtés. Toutefois, ces claquements de langue sont beaucoup plus variés que ce que le chercheur supposait au départ — ils s'apparentent plutôt à un langage. Les différents claquements indiquent aux chiens ce que les femmes attendent d'eux. Et ces dernières savent interpréter le comportement de leurs compagnons à quatre pattes. Les chiens sont capables de leur « dire » qui s'approche du campement, que ce soit un membre de la tribu ou un étranger.

Anthropophage et bouillotte en Australie

Le dingo, un chien sauvage d'Australie, est un cas exceptionnel. Il serait issu d'une population de loups domestiqués retournés à l'état sauvage, et vit aussi bien seul dans l'outback australien que domestiqué dans les clans aborigènes. Il est le seul animal domestique des Aborigènes et occupe une place significative dans leur culture. Dans certaines de leurs histoires du « Temps du rêve », il est l'ancêtre de l'homme. Dans d'autres, il est une créature métamorphe, capable de se transformer en homme. Il existe également le mythe du dingo démoniaque, qui se nourrit d'êtres humains et donne naissance à d'autres dingos mangeurs d'hommes. Dans le monde réel, il se révèle toutefois d'une grande utilité. Comme le rapporte Erik Zimen, les Aborigènes s'en servent comme d'une bouillotte lors de leurs déplacements. L'homme et le chien se blottissent l'un contre l'autre pendant les nuits glaciales, se réchauffant mutuellement.

Animal de boucherie et dot en Asie

Au début de sa domestication, le chien conserve sa fonction première de bête à viande. Il est encore consommé dans certaines régions asiatiques, notamment en Corée, au Vietnam et dans quelques provinces chinoises. Mais attention aux préjugés trop rapides, le tabou qui frappe la consommation de viande de chien n'est pas si ancien : le dernier chien abattu officiellement en Allemagne a été consommé en 1986 à Augsbourg. Et aujourd'hui encore, on trouve du chien sur certaines tables suisses. En revanche, aucun risque qu'un Kanni passe à la casserole. Selon le cynologue Gerd Leder, cette race de lévrier du Sud de l'Inde, élevée spécialement pour la chasse, est un bien extrêmement précieux. Son nom signifie « jeune fille célibataire », car il fait partie de la dot des jeunes femmes. Malgré les conditions de vie difficiles en Inde, les Kanni sont extrêmement bien traités. Ils sont régulièrement promenés, et nourris avec de la viande, des céréales et des produits laitiers. Jamais on ne les laisse vagabonder. Ils ne sont pas vendus, et peuvent être à la rigueur offerts en cadeau, à condition que les bénéficiaires promettent d'en prendre grand soin. Toutefois, le Kanni est devenu extrêmement rare, et un non-Kanni, tels les milliers de chiens errants qui parcourent les rues, est traité avec bien moins d'égards. Au Sud-Est de la Papouasie, les Korowai, également nommés « peuple des arbres », considèrent leurs chiens comme des membres de la famille. Ces *Tree People* vivent à l'écart du monde dans des huttes perchées à la cime des arbres de la forêt tropicale de Papouasie-Nouvelle-Guinée. Leurs chiens sont leurs compagnons de chasse, mais font avant tout partie de la famille. Comme les membres de la famille doivent tous dormir sous le même toit, les chiens sont hissés tous les soirs à des hauteurs vertigineuses à l'aide d'un mât dans lequel sont pratiquées des entailles offrant une prise aux pieds. Les Korowai escaladent rapidement le mât en tenant le chien dans leurs bras. Ils lui attachent beaucoup d'importance et partagent leur nourriture avec lui. Ainsi, le chien et l'homme cohabitent tant bien que mal à travers le monde, selon les cultures. Malgré sa position initialement précaire dans la chaîne alimentaire, le chien a réussi à devenir l'animal de compagnie le plus apprécié de tous les temps. Il est tellement imprégné par l'homme qu'il préfère sa compagnie à celle de ses propres congénères. Les Mongols donnent une explication spirituelle, qui a peut-être du vrai, à cette relation si particulière : dans le cycle éternel de la vie et de la résurrection, le chien revient sur terre sous l'apparence d'un homme.

LE PROTECTEUR DE L'HIMALAYA

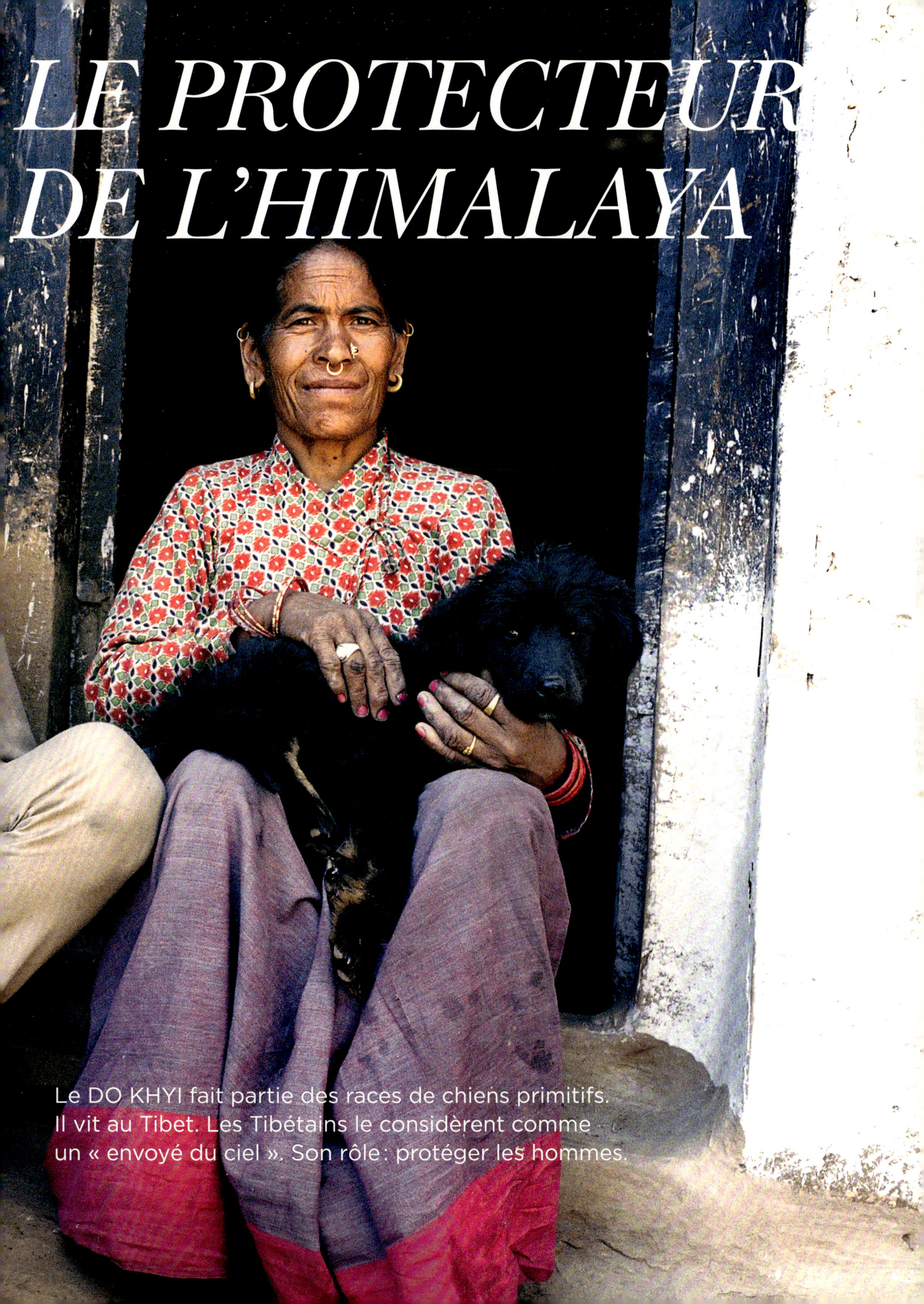

Le DO KHYI fait partie des races de chiens primitifs. Il vit au Tibet. Les Tibétains le considèrent comme un « envoyé du ciel ». Son rôle : protéger les hommes.

LE PROTECTEUR DE L'HIMALAYA

Plusieurs mètres de neige, des températures glaciales… Les Tibétains racontent qu'à une époque reculée, le pays dut faire face à un hiver particulièrement rigoureux. Les prédateurs décimaient les troupeaux, des bandes de pillards attaquaient les bergers. Les hommes avaient faim, certains mouraient. Alors que la misère était à son comble, un vieux sage est descendu du Kailash, la montagne sacrée du Tibet. À ses côtés se tenaient deux immenses chiens. « Ces animaux, dit le sage, sont votre destinée, car ils retiennent le bien et éloignent le mal. Soyez bon envers votre destinée, et elle vous le rendra. » Selon les Tibétains, c'est depuis cette époque que le Do Khyi, l'envoyé du ciel, protège les hommes et leurs troupeaux. Le Tibet, d'une superficie de 2,5 millions de kilomètres carrés, est bordé de chaînes de montagnes. Il est connu comme le « toit du monde ». Le climat est sec, les étés sont chauds et ensoleillés, mais les hivers sont glaciaux. La température annuelle moyenne de l'ensemble de la région n'est que de 1,1 °C, tandis que la température annuelle moyenne relevée dans la capitale Lhassa, située dans le Transhimalaya, au climat plus « doux », atteint 8,9 °C. C'est le pays de Chenrezig, le bodhisattva de la compassion, des légendes, des monastères et de l'hospitalité. Quelque 85 % des 6 millions de Tibétains vivent de l'agriculture et de l'élevage du bétail. Leurs troupeaux paissent sur une surface équivalant à environ un quart de la superficie de l'Europe. Lorsque l'on mène une vie aussi solitaire, il est inutile de mettre des serrures aux portes. Ce qu'il faut, c'est de l'aide pour accomplir des travaux physiques souvent éreintants, et protéger ses troupeaux et sa famille. Les tigres, les léopards des neiges, les ours, les loups et les lynx ne sont que quelques-uns des prédateurs peuplant le Tibet — il est donc utile d'avoir à ses côtés un protecteur courageux au flair aiguisé. L'hospitalité est un devoir religieux, mais les Tibétains ne sont pas naïfs pour autant. Quiconque approche d'un campement a d'abord affaire aux Do Khyi. Ces chiens, dont le poids peut atteindre 65 kg, se tiennent à l'entrée des campements et aboient. Mieux vaut alors que l'étranger reste là où il est. Le maître de maison vient ensuite s'enquérir des raisons de la visite. Si l'étranger est le bienvenu, le chien est attaché et l'étranger peut s'approcher. Mais s'il est indésirable, le maître de maison tourne les talons et s'en va. Comme le disent les Tibétains, « quiconque se trouve sous la protection d'un Do Khyi ne

Pages précédentes : Les voyageurs qui ont visité le Tibet décrivent les paysages de rizières en terrasses avec l'Himalaya en arrière-plan comme incroyables et de toute beauté. Dans cet environnement sublime, les Tibétains peuvent compter sur leurs chiens de troupeau, les Do Khyi, pour assurer leur protection.
À gauche : Le Do Khyi est un chien affectueux, pataud et joueur, mais absolument pas soumis.
À droite : Dès son plus jeune âge, le Do Khyi apprend à reconnaître les membres du foyer. Une fois adulte, il est chargé de veiller sur tout : les bœufs, la maison et ses maîtres.

doit craindre aucun ennemi. ». Do Khyi signifie littéralement « chien de porte ». En effet, ce géant, également connu sous le nom de dogue du Tibet ou de mastiff tibétain, est destiné à mener une vie de chien de garde, et donc à rester attaché à une corde devant une yourte, un monastère ou une maison — dans son pays d'origine tout du moins. Cela n'a rien à voir avec du mépris, bien au contraire : les Do Khyi sont en effet très estimés. Ils font partie de la famille, comme la plupart des chiens au Tibet. Ils sont autorisés à entrer dans les tentes, sont présents lors des repas et sont les premiers camarades de jeu des enfants, ce qui est très important pour leur bien-être, car derrière ces gros chiens de garde hirsutes se cachent des compagnons très affectueux, qui ont besoin d'être aimés. L'agressivité n'est pas dans leur nature et ne l'a jamais été. Car un chien de troupeau agressif se laisse distraire par les loups et autres prédateurs et quitte son troupeau, le laissant sans défense. Un Do Khyi reste impassible, quoi qu'il arrive. C'est le chien de protection idéal.

En cas de danger, il défend ses maîtres jusqu'à la mort, mais se montre extrêmement docile envers eux. Tant que la famille est dans son champ de vision, il peut rester immobile dans un coin pendant des heures. Il reste impassible si les enfants tentent de monter sur son dos, et il ne touche jamais aux autres animaux du foyer. Il garde les troupeaux, les tentes et leurs habitants. Lorsque ces derniers lèvent le camp, il se transforme en chien d'attelage. Il se laisse mettre un harnais ou atteler à une carriole sans sourciller. C'est un chien affectueux, parfois pataud, qui reste joueur

Pour les Tibétains, le Do Khyi est porteur d'une promesse : le jour où un chien blanc viendra au monde, le Tibet sera libre.

même lorsqu'il atteint un âge avancé. Il n'est pas pour autant servile. Au contraire : les millénaires passés à exercer la fonction de chien de garde — les ossements les plus anciens ont quelque 2 500 ans — en ont fait un chien indépendant, sûr de lui et surtout autonome dans ses décisions. Ce qu'il fait, il le fait librement. Il n'accepte les ordres qu'à contrecœur et n'y obéit que si cela lui semble justifié. C'est pourquoi on ne rencontrera que très rarement des Do Khyi dans les parcs canins ou lors des entraînements d'agility. « Assis ! » et « couché ! » lui suffisent amplement ; pour le reste, il se débrouille tout seul. Son rôle est de protéger sa « meute », y compris les animaux, objets et personnes qui en font partie — même si les intéressés ne sont pas forcément d'accord. Par exemple, si les jeux des enfants deviennent un peu brutaux, il va prendre volontiers parti, se diriger tout droit vers eux et régler l'affaire. Pour éviter cela, la solution la plus simple consiste souvent à l'attacher. Les Do Khyi sont loyaux. « Ils ne servent aucun roi simplement en échange de nourriture », disent les Tibétains. Chaque berger en possède au moins un, et celui qui a les moyens d'en avoir trois passe pour un nanti. Il n'existe pas d'élevage au sens occidental. La chienne cherche elle-même son mâle, et son choix ne se fonde en aucun cas sur le pedigree, la noblesse ou l'apparence du chien. Les bergers accordent également peu d'importance à l'apparence de leurs Do Khyi. Ce qui compte sur les hauts-plateaux arides, c'est que les chiens soient vigilants, se contentent de peu pour leurs repas et soient endurants. Il y a pourtant des préférences : les chiens noirs sont considérés comme particulièrement beaux, surtout lorsqu'ils portent des marques feu au-dessus des yeux. Les yeux des dieux, comme disent les Tibétains. Ainsi, le Do Khyi veille même lorsqu'il est endormi. Une étoile blanche sur le poitrail est également appréciée. Ce serait le signe d'un cœur vaillant. Les Tibétains croient au cycle éternel de la renaissance et de la mort. Il n'est pourtant pas si facile de renaître sous forme humaine, il faut pour cela mener une vie exemplaire et raisonnable. Un animal mauvais voit ses chances se réduire pour sa prochaine vie. Toutefois, les chiens font partie des animaux favoris des Tibétains. Dans leur mythologie, Bouddha était en effet protégé par 12 petits chiens, qui se transformaient en énormes lions en cas de danger. Ainsi, les quatre races de chiens tibétains, à savoir le Do Khyi, le Lassha Apso, l'épagneul tibétain et le terrier du Tibet, sont réputées porter chance.

De nombreuses familles tibétaines parent leurs chiens de colliers en poils de yack teints en rouge, pour rappeler leur rôle de gardiens de Bouddha. D'un point de vue scientifique, les origines du Do Khyi sont obscures. Depuis combien de temps existe-

À gauche : Le Do Khyi est le gardien de Bouddha, comme le montre sa parure en poils de yack. Ci-dessous : Un berger qui possède plusieurs chiens passe pour un nanti.

Au Tibet, les troupeaux de chèvres et leurs gardiens sont protégés par les chiens. Ces derniers ont été envoyés par le ciel et incarnent le destin des Tibétains. Une bonne raison de les vénérer.

t-il, comment la race est-elle apparue, personne ne le sait. Toute l'iconographie ancienne du Tibet a été détruite entre 1966 et 1976, lors de la Révolution culturelle chinoise, et les sinologues eux-mêmes ne parviennent pas à déchiffrer les documents chinois vieux de plusieurs millénaires. On n'a qu'une certitude : seul l'isolement géographique a permis l'émergence d'une race comme le Do Khyi. D'un point de vue cynologique, l'ouverture du Tibet est une grande perte. L'élevage de cette race en Europe a toujours été compliqué. L'Himalaya est une région difficile d'accès, et était peu visité jusque vers la fin du XXe siècle. Ce n'est qu'aux environs des années 1980 que les premiers chiens sont arrivés en Europe. Toutefois, les premières tentatives d'élevage ont échoué : les Do Khyi vivent sur les hauts-plateaux de l'Himalaya. Un animal adapté à un climat aussi rude se sentira mal partout ailleurs. Sous les latitudes européennes, les mâles ne parvenaient tout simplement pas à se reproduire. Dans le pire des cas, ils développaient des problèmes cardiaques et circulatoires, tombaient malades et mouraient. Les Do Khyi élevés en Europe de nos jours n'ont pas besoin de montagnes. Toutefois, la communauté des éleveurs demeure restreinte, ce qui permet de garder le contrôle sur la base d'élevage, qui revêt une importance cruciale pour la santé des animaux. Les nomades n'accordent aucune importance à l'apparence de leur Do Khyi. Ce qui compte, c'est son travail et son efficacité. Les chiens chargés de garder les temples doivent être calmes et imposants. Dans les montagnes, des chiens plus petits et plus agiles constituent un atout. Toutefois, les éleveurs européens suivent un standard de race, qui définit les caractéristiques physiques du chien, ainsi que ses traits comportementaux. Toutes ces caractéristiques sont inscrites dans le patrimoine génétique du chien. La génétique ne fonctionne pas comme un jeu de construction, de nombreuses variables entrent en

Ci-dessous : Un Do Khyi veille sur ses maîtres même en dormant. Il fait partie de la famille, a le droit de dormir dans la tente et participe aux repas.

ligne de compte, et le hasard joue également un rôle. Toutefois, il existe certaines règles de base. La plus importante : plus un génotype est homozygote, plus la probabilité de transmettre certains traits de caractère est importante. La consanguinité est fréquente dans l'élevage des chiens de race. Ainsi que la règle empirique suivante : champion + champion = champion. Toutefois, il y a un problème : dès que la diversité génétique diminue, les défauts héréditaires apparaissent. Les Do Khyi sont rares. Les statistiques du *Verband für das Deutsche Hundewesen,* l'association cynologique allemande, ont recensé seulement 18 naissances en 2006, et certains propriétaires ont constaté que leurs animaux souffraient d'épilepsie.
Le Do Khyi n'a pourtant plus la vie facile dans son pays d'origine : le Tibet n'est pas un pays libre, et les Chinois ont souvent la culture tibétaine en horreur. De nombreux Do Khyi ont été tués, jusqu'à ce que les Chinois prennent conscience de leur valeur. La Chine s'est désormais ouverte à l'Occident. Les plus favorisés se sentent souvent menacés. Le secteur de la sécurité explose, et avec lui, la demande de gros chiens terrifiants. Les éleveurs chinois répondent à cette demande. Officiellement, les chiens produits par l'élevage de masse portent encore le nom de Do Khyi, mais ils n'ont plus rien en commun avec leurs aïeux. Ils sont plus grands, plus massifs, plus velus et surtout plus agressifs. Ils sont vendus plusieurs dizaines de milliers de dollars. Et les animaux qui ne répondent pas aux exigences de la clientèle ne sont pas perdus : ils sont vendus pour leur fourrure. Toutefois, pour les Tibétains, le Do Khyi est plus qu'un chien. C'est un porte-bonheur, qui porte les « quatre yeux de Bouddha ». Il est capable d'entrevoir les esprits, et les lamas le considèrent comme « l'esprit de l'Himalaya ». Il est également un symbole. Le Do Khyi est l'une des plus anciennes races du monde. Les Tibétains le considèrent comme un « envoyé du ciel », dont la mission est de protéger les hommes. Les Do Khyi sont d'un noir profond, mais jamais blancs. Selon une légende tibétaine, le jour où un Do Khyi blanc naîtra, le Tibet sera libre.

LE BERGER DES NEIGES

Au-delà du cercle polaire arctique vivent les Sami, le « peuple du soleil et du vent ». Leurs troupeaux sont leur seule richesse. Et parce que les hommes avaient besoin d'aide pour garder leurs rennes, les dieux leur ont fait un présent : le BERGER FINNOIS DE LAPONIE.

Page précédente : Par rapport aux autres chiens de troupeau, les chiens des Sami sont des travailleurs de force. Ce concours de conduite de troupeau de rennes a été remporté par un chien citadin venu d'Helsinki. C'est dans la nature glacée qu'il donne toute la mesure de son talent.

Ci-dessus : Les rennes domestiques vivent en semi-liberté. Ils sont nourris en hiver, et passent l'été dans la forêt. Les troupeaux sont gardés par les Sami et leurs chiens de berger, les Lapinporokoira.

Quel genre d'animal cela peut-il bien être ? Unski semble perplexe. C'est la première fois qu'il en voit. Ce mâle de quatre ans se rapproche des rennes qui se tiennent à une dizaine de mètres de lui, flairant avec curiosité. Les spectateurs retiennent leur souffle. Que va faire le chien ? Se précipiter en aboyant bruyamment sur les animaux effrayés, puis les disperser avant de tenter de les faire entrer dans l'enclos en courant dans tous les sens ? Va-t-il se risquer à s'approcher de ces animaux inconnus ? « Ce n'est pas une tête brûlée », dit une jeune femme postée près de l'enclos. « En cas de difficultés, il repart généralement la queue entre les pattes. » Et il pourrait y en avoir, des difficultés. Car les rennes, tout craintifs qu'ils soient d'habitude, peuvent montrer un tout autre visage : à deux reprises ce matin, l'un d'eux a inversé les rôles et a foncé tête baissée sur le chien. L'un des chiens a été bousculé, et seule la courageuse intervention d'un sauveteur lui a permis d'échapper aux sabots du puissant animal. Les sabots des rennes sont massifs et durs, et leurs ergots, si utiles pour courir dans la neige, sont coupants comme des rasoirs. Toutefois, Unski ne va pas se dégonfler, à la plus grande joie de la jeune femme près de l'enclos. Elle a roulé toute la nuit avec son amie Keke, la maîtresse d'Unski, pour découvrir dans quelle mesure ce chien espiègle, qui adore paresser sur le canapé, a conservé ses instincts de chien de troupeau. Pour cela, il faut venir à Pello, une petite communauté située au nord du cercle polaire, dans la région d'origine du Lapinporokoira, l'autre nom du berger finnois de Laponie. Le Lapinporokoira est le chien des Sami, les premiers habitants de la Laponie. Depuis au moins 800 ans, ils occupent les territoires polaires du nord de la Suède, de la Finlande et de la Russie. Personne ne sait d'où ils viennent, ni pourquoi ils ont poussé si loin au nord. Il faut avoir une sacrée bonne raison pour décider de s'installer ici. Au printemps, lorsque la neige fond et que le sol gelé ne peut pas absorber l'eau, la toundra se transforme en un gigantesque marécage. L'été, on se fait dévorer des nuées de moustiques, et en hiver, la Laponie est un désert de glace qui s'étend bien au-delà de l'horizon, et sur lequel le soleil ne se lève pas pendant plusieurs semaines. Ce n'est pas un endroit où l'on s'établit volontairement, ni même avec bonheur. Peut-être les Sami se sont-ils jadis installés là pour les animaux à fourrure. Peut-être aussi les agriculteurs scandinaves sédentaires les ont-ils repoussés toujours plus loin au nord. Tout ce dont on est sûr, c'est qu'ils ont commencé par chasser les rennes sauvages avant de les élever. Les Sami considèrent les Lapinporokoira comme un don des dieux. Ces chiens à hauteur de genou sont en effet des athlètes capables de parcourir pas loin d'une centaine de kilomètres par jour dans la neige, et de garder seuls d'immenses troupeaux sans perdre un seul animal — les Lapinporokoira se reposent seulement lorsque le dernier renne a rejoint le troupeau. Comme cette race de chiens avait pratiquement disparu après la Seconde Guerre mondiale, le Kennel Club, l'association cynologique britannique, organise chaque année un concours de chiens de troupeau en collaboration avec les éleveurs de rennes de Pello, ainsi qu'un test : les chiens récompensés sont ceux chez lesquels la prédisposition naturelle à garder les rennes est particulièrement marquée. *Juokse !*, « allez ! ». Lorsqu'il entend cet ordre, Unski commence par jeter des regards perplexes, puis suit du regard le bras tendu de Keke. Soudain, comme s'il avait fait cela toute sa vie, il se précipite

Les chiens ne reçoivent aucune éducation de la part des hommes, mais dans la plupart des cas, ils s'en sortent parfaitement tout seuls.

vers les rennes en aboyant à tue-tête. Puis il s'arrête, gardant une certaine distance. Le troupeau se met en branle. Il coupe la route à deux animaux qui tentent de s'échapper, change brutalement de direction et maintient la cohésion du petit groupe. Il fait faire trois tours aux rennes avant que Keke ne le rappelle à elle. *Tule!*, « bien joué », le félicite-t-elle avant de regarder les juges qui se tiennent au milieu du pâturage. Ils hochent la tête, impressionnés. Sera-t-il également capable d'isoler deux animaux et de les faire sortir de l'enclos avant de retourner chercher les autres ? *Juokse!* Unski se précipite de nouveau, suit le bras tendu de Keke et sépare le groupe de rennes. Alors qu'il s'apprête à aller chercher les animaux qui se sont écartés, Keke l'arrête et le renvoie. Le chien ne s'approche jamais trop près des rennes, et en aucun cas il ne doit pincer ou mordre l'un des animaux : « Les rennes sont craintifs », explique le juge Jouni Savukoski. « Les chiens qui gardent des moutons doivent parfois s'imposer à coups de dents, mais un tel comportement ferait paniquer les rennes ». C'est pourquoi les chiens qui conduisent les troupeaux de rennes gardent leurs distances. « Personne ne peut dire si ce comportement leur a été enseigné il y a très longtemps, ou s'ils ont une connaissance innée des rennes. » Mais le fait est là : « les chiens ne reçoivent aucune éducation des hommes, mais dans la plupart des cas ils ont tout bon ! ». Aujourd'hui encore, les rennes domestiques des Sami vivent en semi-liberté. L'hiver fini, ils les laissent dans la forêt, où ils donnent naissance à leurs veaux sans aucune intervention humaine. Les enclos ne les retiennent pas. Au bout de quelques jours, les grands troupeaux se sont divisés en centaines de petits groupes et se sont dispersés sur un vaste territoire. Deux grands événements rythment la vie des éleveurs : le marquage des veaux au début de l'été, et l'abattage fin octobre. À l'aide d'un lasso et du Puuko traditionnel, un couteau de travail porté à la ceinture, ils parcourent les forêts afin de rassembler les animaux. C'est un travail de forçat, qui dure souvent plusieurs semaines. S'ils pouvaient encore se déplacer à pied en été, les ancêtres des éleveurs

Ci-dessous : Les Lapinporokoira étaient pour ainsi dire éteints à la fin de la Seconde Guerre mondiale. Aujourd'hui encore, ils sont considérés comme des chiens rares dans leur pays d'origine. Ce n'est que très récemment que l'on a commencé à s'intéresser à eux, lorsque les éleveurs de rennes les ont redécouverts. À droite : De nombreux jeunes Sami redécouvrent leur culture.

Le chien ne se tient sur le siège de la motoneige que lorsque c'est nécessaire. Au signal, il file à toute allure récupérer les rennes qui se sont écartés du troupeau. Pour quelle raison, personne ne le sait.

actuels devaient utiliser des skis, des raquettes et des traîneaux en hiver pour se frayer un chemin dans la neige. Une légende raconte que des chiens polaires les observaient. Ils étaient assis sur une colline et riaient en observant la démarche maladroite des gardiens, les rennes qui s'écartaient du troupeau et la progression laborieuse des hommes dans la neige. L'un d'eux les aurait alors interpellés : « Venez, nous allons vous montrer comment vous y prendre ».

Les applaudissements fusent autour de l'enclos qui borde le pâturage. Unski a rassemblé deux de quatre rennes et fait demi-tour pour aller chercher les deux autres. Trois minutes plus tard, tout est fini, et Unski est un petit héros heureux. Essoufflé, la langue pendante, il reçoit avec fierté les applaudissements du public venu des quatre coins de la Finlande et sort de l'enclos pour rejoindre Keke. Les Sami sont le « peuple du soleil et du vent ». Leur société repose sur la sagesse des anciens et la bienveillance des dieux. « Dierpmis », le dieu du tonnerre, « Bieggolmmái », le dieu du vent, « Mánnu », le dieu de la lune, et « Áhcolmmái », le dieu de l'eau, influencent la vie du peuple ; « Leaibolmmái », le dieu du sang, règne sur la nature et sur tous les animaux. Chaque montagne, chaque arbre, chaque dépression est potentiellement magique. Les dieux sont omniprésents. Et parce que les Lapinporokoira sont des chiens, qui, du moins le semble-t-il, aiment se débrouiller par eux-mêmes, ils sont considérés comme un cadeau des dieux : « Ils recherchent les rennes éparpillés par tous les temps, dans les pires conditions. Aucun animal n'échappe à leur flair aiguisé, à leur regard perçant, à leur vigilance sans faille », rapporte un compte rendu de voyage du début du XIXe siècle. « Le *Lapin* file comme une flèche à travers la poudreuse, fouit dans d'énormes congères, part à la recherche des animaux dispersés. La fourrure pleine de neige et de glaçons, il file comme une ombre tantôt à travers les flocons tourbillonnants, tantôt sur la glace immaculée, toujours sur le qui-vive, infatigable, en lançant des aboiements menaçants. C'est un prodige d'implication, de puissance, d'endurance et de ténacité, et il fait toujours preuve d'un enthousiasme ardent ». Les Sami pensent que le chien est le bien le plus précieux de l'homme et qu'il doit être bien traité. Car un homme dont les chiens sont miséreux le devient lui-même. Il n'est pas étonnant que les chiens soient plus rapides, plus habiles et plus tenaces que les hommes.

Avec l'apparition des premières motoneiges dans les années 1960, la plupart des chiens ont dû prendre leur retraite. Ces machines motorisées permettent aux

Les chiots sont très câlins. Même adultes, les bergers finnois de Laponie font d'excellents chiens de compagnie. Ce sont des chiens d'humeur équilibrée, qui se montrent amicaux envers tout le monde.

hommes de réaliser en quelques jours ce qui leur prenait autrefois des semaines. Aux motoneiges ont succédé les motos tout terrain en été, et les grands troupeaux sont aujourd'hui conduits par hélicoptère. Les chiens doivent leur retour en grâce à de jeunes éleveurs comme Jouni Savukoski. Il a grandi avec eux, ils ont été ses compagnons de jeu. Toutefois, il ne connaissait de leurs capacités que ce qu'on lui en avait dit. « Il s'agissait de simples chiens de ferme, qui ne connaissaient rien d'autre que le village ou la forêt. Nous jouions avec eux, ils montaient la garde, voilà tout ». Toutefois, un jour, il prit l'un d'eux derrière lui sur le traîneau et l'emmena voir le troupeau. Cette excursion prit une tournure stupéfiante : « le chien était fasciné par les rennes, il les observait, mais s'intéressait surtout à ceux qui se tenaient à l'écart du troupeau ». Pour s'amuser, Savukoski le laissa courir et partit nourrir les animaux. « Lorsque je suis revenu au bout de quelques minutes, le chien était là et tous les rennes étaient dans le troupeau. » Jouni était ravi. Il commença à emmener régulièrement les chiens voir le troupeau, et interrogea les anciens du village. Ceux qui avaient travaillé avec des chiens pendant leur jeunesse savaient de quoi ils étaient capables. « Je n'ai pas mis longtemps à comprendre qu'il fallait que nous les entraînions de nouveau à faire ce pour quoi on les utilisait autrefois : conduire les troupeaux ». Les motoneiges sont difficiles à manœuvrer dans ces forêts plantées de bouleaux très serrés. Les gardiens doivent conduire lentement, et les rennes entêtés peuvent profiter de la moindre ouverture pour s'échapper. Les chiens sont également utiles sur les terrains dégagés : « Si j'étais seul, je devrais raser le troupeau à toute allure, au risque de me briser le cou, afin de pousser les rennes dans une direction plus ou moins précise », explique l'éleveur. Dans ce cas les animaux prennent souvent peur, ils foncent, complètement affolés, et il arrive parfois qu'ils tombent. « Un chien permet de maintenir le calme, ajoute Jouni. Il se place d'un côté, moi de l'autre, et tout le monde trotte calmement, dans la direction que j'ai choisie ». Jouni Savukoski n'est pas le seul à être revenu au chien. Certes, les éleveurs ne pourraient certainement plus se passer des motoneiges, ni des motos et voitures tout terrain. Mais lorsqu'ils se retrouvent chaque année pour rassembler les grands troupeaux de rennes, les Lapinporokoira sont à leurs côtés. Et pas seulement pour les aider. « Là-bas, dit Jouni en désignant l'immensité sauvage, il fait froid et l'on se sent souvent très seul. Il fait bon d'avoir un ami auprès de soi ».

UN FLAIR INFAILLIBLE

Depuis l'interdiction de la chasse au renard en Angleterre, les veneurs ont recours à des pistes artificielles. De nombreux cavaliers trouvent cette pratique ennuyeuse, et engagent des joggeurs pour servir de « proies » vivantes. Ces derniers n'échappent pas non plus au flair des CHIENS DE SAINT-HUBERT — et tout le monde y trouve son compte.

Page précédente : Une bonne trentaine de Saint-Hubert se presse autour du maître d'équipage afin de flairer le linge qu'il leur présente. Ce linge porte l'odeur de la proie — pas un animal sauvage, comme c'était autrefois la coutume, mais un joggeur.

Ci-dessus : La « proie » a dû passer par-dessus la clôture, que les chiens ont déjà sautée. Pour le cheval et son cavalier, le parcours est semé d'embûches. Celui qui prend peur devant un obstacle atterrit dans la boue.

« Peut-être devrions-nous… » Haletant, les mains sur les hanches, Adrian pointe la rivière du menton. « Certainement pas ! » le contredit immédiatement Mel. « L'eau est si froide que nous allons tous attraper la crève. En plus, nous ne savons pas si c'est profond ». Graham, le troisième coureur, est du même avis qu'Adrian : « Dans l'eau, les chiens vont peut-être perdre notre trace ». Mais Mel fait signe que non : « Les gars, nous n'avons que 45 minutes d'avance, l'eau coule lentement, et je connais au moins deux chiens dans la meute dont je suis certaine qu'ils ne perdront pas notre trace comme ça ». Sur ce, elle repart, et les deux autres la suivent. La décision tombe : « Peut-être y parviendrons-nous plus tard, quelque part ailleurs. » À 5 km de là, Nic Wheeler regarde sa montre : « Le temps est presque écoulé », dit-il. Il descend de son cheval et appelle ses trente chiens de Saint-Hubert. Il fait sentir à chacun d'entre eux un linge portant l'odeur d'Adrian, Mel et Graham et c'est parti : avec des jappements bruyants, la truffe collée au sol, les chiens se précipitent, l'équipage à leurs trousses. Peut-être les trois coureurs parviendront-ils cette fois à tromper les chiens. « Ils aimeraient bien du moins, dit Wheeler en souriant. Un jour comme celui-ci, rien ne pourrait leur faire plus plaisir que de s'installer dans un arbre ou sur un tas de fumier et de nous regarder passer ». Mais pour l'instant, cela reste un vœu pieux. « Nous avons déjà tenté de courir en cercle, de revenir sur nos pas, de marcher dans la bouse et de courir derrière des lapins, mais nous n'avons réussi à interrompre la chasse que pour quelques minutes tout au plus, explique Mel. Nous n'avons encore jamais réussi à semer véritablement les chiens ! ». Ils n'y parviendront vraisemblablement jamais, à moins de tenter un jour de courir dans ce qui pourrait ressembler à une combinaison en caoutchouc intégrale, qui ne laisserait passer aucune odeur corporelle. Car les 30 chiens à leurs trousses comptent parmi les meilleurs limiers du monde : ce sont des chiens de Saint-Hubert, ou *Bloodhounds*, soit littéralement « chiens de sang ». D'où la nécessité d'en finir dès maintenant avec un préjugé : oui, ces chiens sont d'excellents limiers et sont souvent employés au cinéma dans les scènes de chasse à l'homme. Toutefois, ils ne sont pas assoiffés de sang. Au contraire : les Saint-Hubert sont des animaux de compagnie sociables, et plutôt chaleureux la plupart du temps. L'obéissance n'est pas leur fort, et ils sont d'un naturel obstiné. Les maîtresses de maison pointilleuses ne les apprécieront peut-être pas particulièrement, car ils sentent facilement mauvais et bavent volontiers. Mais quiconque a déjà tenu entre ses mains la grosse tête fripée d'un de ces géants, qui peuvent peser jusqu'à 60 kg et semblent avoir enfilé un costume bien trop grand pour eux, et l'a regardé droit dans les yeux, n'a pu être que charmé.

C'est d'ailleurs à tous ces plis qu'il doit ses étonnantes capacités. Car la qualité du flair d'un chien est liée à la quantité de cellules olfactives qu'il possède. Et plus il possède de plis sur la tête, plus ces cellules sont nombreuses. Personne ne sait précisément combien de cellules olfactives recèle leur truffe toute plissée, mais lors d'une affaire s'étant déroulée aux États-Unis, des chiens de Saint-Hubert ont réussi à suivre une piste vieille de quatre jours et à retrouver un homme disparu dans les bois, à 80 km du lieu de sa disparition !

Les chances des trois coureurs sont donc minces. Ils n'abandonnent pas pour autant la partie : cette variante de la chasse à courre pratiquée principalement en Angleterre se nomme Hunting the *Clean Boot*. Ou, comme le dit le maître d'équipage, Nic Wheeler : *It's manhunting for fun*, « C'est une chasse à l'homme pacifique ». Adrian, Mel et Graham sont volontairement en fuite. À la fin de la journée, ils auront parcouru une trentaine de miles dans les broussailles et auront été retrouvés à trois

Le nom de « Bloodhound » comporte le mot « sang », mais ces animaux n'ont rien de sanguinaire. Les plis de leur truffe recèlent un grand nombre de cellules olfactives, ce qui en fait les meilleurs limiers du monde.

reprises par les chiens et les cavaliers. À chaque fois, ils donneront à la meute haletante massée autour d'eux des friandises sorties des sacs qu'ils portent à la ceinture, se laisseront lécher des pieds à la tête, et se demanderont, épuisés, s'ils parviendront un jour à tromper la meute.

Ce ne sont pourtant pas les occasions qui manquent. La saison dure d'octobre à mai. Et si exceptionnellement, la meute de Nic n'est pas disponible un week-end, d'autres sont prêtes à prendre le relais. Car le *Clean Boot Hunting* est de plus en plus à la mode, surtout depuis que la chasse au renard a été officiellement interdite en Angleterre en 2005. La meute de *Coakham-Bloodhounds* de Nic Wheelers existe depuis 1976. En Allemagne, il n'existe qu'une seule meute de Saint-Hubert : la Weser Vale Hunt de Detmold. Elle a été fondée en 1969 par des officiers des troupes anglaises qui stationnaient dans la région à l'époque, avant d'être reprise par Busso Freise, un commerçant de Detmold. « Il est bien plus palpitant de suivre une piste naturelle, et cela pose beaucoup plus de difficultés aux chiens, explique Busso Freise. Les foxhounds anglais ou les beagles également utilisés par les équipages de *Clean Boot* échoueraient à cet exercice ». Toutefois, ils ont un avantage par rapport aux Saint-Hubert : ils sont plus rapides, plus endurants et savent mieux sauter. C'est pourquoi la quasi-totalité des Saint-Hubert utilisés par les équipages de *Clean Boot* sont croisés avec des foxhounds. Leurs capacités olfactives sont les mêmes. Comparé au flair d'un chien, l'odorat humain est très rudimentaire. Car une piste est un mélange de différentes odeurs en constante évolution : odeurs de sol retourné, d'insectes morts, de plantes pourries, d'un lapin ou d'un chevreuil passé par là. La piste d'un homme, à plus forte raison s'il porte des chaussures en caoutchouc, n'est souvent constituée de rien d'autre que de quelques molécules en suspension au-dessus du sol. Et ces molécules n'ont jamais la même odeur, en fonction du temps et de la saison. « Le flair n'est pas le seul élément important pour faire un bon limier. Le chien doit également être capable de se concentrer sur une odeur en particulier », explique Nic Wheeler. Un grand nombre de chiens ont

Chaque dimanche, entre octobre et mai, le Joint Master organise une chasse à l'homme. Les coureurs bénéficient de 45 minutes d'avance avant que la meute de Coakham Bloodhounds soit lachée.

du flair, « les nôtres savent distinguer la bonne odeur ». Afin que la meute compte toujours un nombre suffisant de chiens — les chiens malades, paralysés ou blessés et les chiennes en chaleur ne peuvent pas participer — les Wheeler élèvent deux à trois portées par an. Les meilleurs restent, les autres sont vendus. L'entraînement de ces futurs chasseurs et flaireurs hors pair commence au bout de quelques semaines seulement : il consiste en de petites quêtes se présentant sous la forme d'un jeu. Sue, la femme de Nic, se cache dans le jardin et attend que la troupe de chiots trottinant dans l'herbe la retrouve. Plus tard, chaque chien bénéficie d'un entraînement individuel, au cours duquel il s'exerce à reconnaître une odeur parmi d'autres.

Les chiens de Saint-Hubert sont justement doués pour cet exercice. Cela fait partie de leur histoire. Il s'avère que ce chien existait déjà il y a près de deux mille ans, et qu'on l'utilise pour son flair depuis cette époque. Vers l'an 700 vivait à la cour du roi de Bourgogne Thierry III un homme nommé Hubert de Liège. C'était un comte palatin, et un chasseur passionné, comme la plupart des nobles de l'époque. Comme il se fichait pas mal de la religion et de ses commandements, il partit chasser un vendredi saint. Selon la légende, un énorme cerf portant une croix lumineuse entre les bois aurait soudain surgi devant lui. Suite à cette expérience, Hubert se serait converti. Les chiens qui ont pris son nom furent élevés dans le monastère de Saint-Hubert, qu'il a fondé, et les *Bloodhounds* actuels seraient donc les descendants de flaireurs d'élite vieux de près de 1 500 ans. Cela pourrait expliquer en partie le nom de *Bloodhound*, qui ne serait donc pas lié aux capacités de cette race : il signifierait « chien de noble sang ».

La meute de Saint-Hubert de Nic Wheeler n'a bien évidemment pas conscience de ses origines nobles. Après avoir recherché, retrouvé et léché les trois coureurs pour la troisième fois de la journée, et tandis que l'équipage se retrouvait autour d'un verre, les chiens ont déchiqueté sans la moindre étiquette la panse qui leur a été jetée, la farfouillant avec délectation.

Au bout de trois heures et d'une bonne cinquantaine de kilomètres à travers la campagne, la partie de « chasse » est terminée. Qu'est-ce qui fait le bonheur d'un maître d'équipage anglais ? Du Porto, des sandwiches, des saucisses et de la purée de pommes de terre, naturellement !

LE CHIEN DES VIKINGS

Il vit aux côtés des peuples nordiques depuis l'époque où les Vikings et leurs drakkars ont touché les côtes islandaises : le BERGER D'ISLANDE n'a pas d'égal. C'est un chien de grande valeur qui a sa place dans les vieilles légendes. Toutefois, les hommes ont fini par le trahir. Il a d'abord été maudit, puis chassé, et enfin presque oublié.

Pages précédentes : les bergers d'Islande sont des durs à cuire. Ils ne reculent devant rien, que ce soit la neige ou une rivière glacée. Leur endurance et leur bonne humeur ne les ont pourtant pas empêchés d'être presque entièrement décimés.

Ci-dessus : Les fjords qui bordent la côte déchiquetée de l'Islande sont spectaculaires. La vie sur cette île de l'Atlantique peut être rude — les privations incessantes sont l'une des raisons pour lesquelles les bergers d'Islande sont des chiens si coriaces et paisibles.

Difficile de suivre des Islandais en randonnée… Leurs sacs à dos jetés négligemment sur les épaules, ils arpentent les terrains accidentés à un train d'enfer, avancent d'un pas lourd à travers les champs enneigés vêtus de simples pantalons courts, et relèvent leurs manches en dépit du vent glacé qui souffle sans discontinuer. Ils considèrent qu'il fait chaud à partir du moment où la température extérieure atteint 10 °C, et à partir de 15 °C, ils disent que c'est l'été. Là où d'autres déballent des tartines beurrées, les Islandais mâchonnent du poisson séché riche en protéines, ou détachent la chair d'une tête de mouton bouillie dans de l'eau salée. Et lorsque la nuit tombe, une bouteille de Brennivín, une eau-de-vie de pomme de terre également appelée la « mort noire », circule autour du feu de camp. Celui qui réussit à en avaler six verres peut s'autoproclamer viking. Celui qui, sous les rires et les cris d'encouragement des autochtones, parvient en plus à avaler un morceau de Hákarl, du requin du Groenland faisandé puis séché à l'air dont se dégage une odeur épouvantable, se fait des amis pour la vie. S'il le faut, ils le porteront à travers les glaciers le jour suivant, même s'il est inconscient. « Nous sommes des gens rudes », plaisante Guðni Ágústsson, le président de l'Association des éleveurs de chiens islandais. « Nous descendons directement des peuples nordiques primitifs. Nous croyons aux trolls, aux elfes et aux nains, nous buvons, chantons, et faisons volontiers la fête. Nous mangeons des mets étranges et nous réjouissons de parler une langue rarement enseignée et qui n'appartient qu'à nous ». Les Islandais sont des gens décontractés, qui aiment leur île venteuse, battue par la pluie, et encore en partie inexplorée. « C'est le meilleur endroit du monde », affirme Ágústsson. Il n'envie l'Allemagne que sur un point. « Quand il s'agit des chiens, on se heurte très souvent à des difficultés ! »

Des montagnes et des lacs glacés, des torrents impétueux : l'Islande est une terre rude, dont la nature sauvage est d'une beauté à couper le souffle. Il est très agréable de partir à la découverte du pays avec un compagnon. Récemment, les Islandais ont découvert que le berger d'Islande pouvait remplir ce rôle à merveille.

En haut à gauche : Un macareux retourne au nid après avoir capturé du poisson. Chaque pas est l'occasion d'une rencontre avec la nature indomptée et les animaux sauvages.
En haut à droite : Un chiot appartenant à la « race oubliée ».

Posséder un chien sur l'île, c'est se soumettre au diktat de la laisse et des sacs à déjections. Il n'existe aucun espace pour promener ses chiens en liberté en ville, et le centre-ville leur est strictement interdit (même tenus en laisse). À cela s'ajoutent des taxes élevées et des amendes salées en cas de non-respect d'une des nombreuses interdictions. Mais les habitants prennent cela avec légèreté. « Au fil des ans, les propriétaires de chiens ont appris à faire preuve d'une prudence presque trop extrême, et font tout pour éviter les ennuis ». Cette phobie des chiens a une cause bien précise : l'échinocoque. S'il contamine l'homme, ce ver détruit progressivement ses organes, jusqu'à ce que mort s'ensuive. Aujourd'hui les contaminations sont très rares, mais cette parasitose a fait des milliers de victimes au début du siècle dernier. Aujourd'hui, nombreux sont ceux qui considèrent encore le chien comme un vecteur de la maladie : « Une idée complètement absurde, contre laquelle nous nous battons depuis des décennies », peste l'ancienne présidence de l'Association cynologique islandaise, Guðrun Ragnar Guðjohnsen. « C'est le renard qui transmet le ver aux moutons. Les chiens ne sont contaminés que si les éleveurs leur donnent les abats à manger ». À l'époque, le parasite se transmettait à l'homme parce qu'il était fréquent de donner les assiettes à lécher aux chiens pour s'épargner la corvée de vaisselle. À partir de 1924, une loi a donc interdit les chiens en ville. Cette loi n'a été abolie qu'en 1983, après qu'un animateur radio a révélé que le ministre des Finances Albert Guðmundsson possédait — quel scandale — une chienne âgée de 13 ans. Les esprits se sont échauffés et la controverse a éclaté, et ce n'est que lorsque Guðmundsson a déclaré : « Lucy fait partie de la famille au même titre que mes enfants, et je n'hésiterai pas à émigrer plutôt que de m'en débarrasser » que la présidente de l'Islande, Vigdís Finnbogadóttir, a mis fin à la polémique.

« C'était une époque difficile pour les chiens, se rappelle Ágústsson, le président des éleveurs. Un trésor national a failli disparaître : le berger d'Islande ! » Car ces chiens, introduits sur l'île par les Vikings vers 870 apr. J.-C, ne font pas seulement partie des plus anciennes races du monde, ils sont également uniques : ils n'ont jamais été croisés avec d'autres races. « Les animaux que vous voyez ici auraient tout aussi bien pu appartenir aux anciens chefs de tribus nordiques », souligne Ágústsson en désignant la vingtaine de chiens qui gambadent joyeusement à travers les hautes terres. L'histoire du berger d'Islande est marquée par les préjugés, l'ignorance et la violence. Mais elle est surtout marquée par une femme, Sigríður Pétursdóttir, aujourd'hui septuagénaire. C'est en 1959 qu'elle vit pour la première fois un berger d'Islande.

Ci-dessus : Les Islandais sont fiers de leurs chevaux — comme de tout ce qui est propre à leur île —, célèbres dans le monde entier. Ci-dessous : Ce qui est valable pour les chevaux ne l'est pas pour les chiens. Pas encore, du moins... À droite : Seul un petit nombre d'Islandais apprécie les chiens, à l'instar de Guðni Ágústsson, le président de l'Association des éleveurs de chiens islandais.

« Il était allongé sous un arbre. Il était vieux et gras, mais j'ai trouvé qu'il avait un charme fou ». Les bergers d'Islande étaient déjà rares à l'époque. Une majorité d'entre eux avaient été décimés par plusieurs épidémies successives de maladie de Carré, une maladie virale mortelle, et l'apparition des clôtures les avait soudainement mis au chômage technique, alors que les paysans ne pouvaient pourtant pas se passer d'eux autrefois. Enfin, le montant élevé des taxes finit de convaincre les agriculteurs de chasser sans ménagement la plupart des bergers d'Islande de leurs exploitations. « Je voulais un chien comme lui », raconte la vieille dame, qui vit aujourd'hui encore dans sa ferme. Elle entama des recherches, mais sa quête resta infructueuse. Il était impossible d'acheter des bergers d'Islande, et personne ne savait quoi que ce soit sur eux. Ce n'est que quatre ans plus tard que Sigríður Pétursdóttir réussit à trouver un vétérinaire qui lui donna un chiot. Elle en avait entendu parler par Tom Watson. Ce fils d'un comte anglais était un fervent touriste. Il avait compris dès ses premières visites en Islande, dans les années 1930, que ces chiens étaient menacés d'extinction, et avait donc rapporté plusieurs chiots en Angleterre et aux États-Unis. Il était fermement convaincu que la race ne pourrait être sauvée que par un Islandais. Sigríður et lui devinrent amis. Il donna l'impulsion, elle releva le défi et devint la première éleveuse de bergers d'Islande du pays. Pour pouvoir lancer son élevage, elle rechercha des « survivants » pendant des mois : « Nous avons trouvé neuf chiens au total. Quatre étaient trop vieux, j'ai donc démarré avec les cinq autres ». Elle rencontra fort peu de soutien en dehors de sa famille, et fut très critiquée. Certains étaient persuadés que ses chiens allaient propager des maladies. D'autres affirmaient qu'elle délirait. Elle manquait également de moyens. La nourriture et les consultations chez le vétérinaire coûtaient cher, la race était peu connue, pas adaptée à l'élevage, et les chiots étaient difficiles, voire impossibles à vendre — le comble pour quelqu'un qui avait besoin d'alliés sur le marché. Sigríður était également préoccupée par l'étroitesse de sa base d'élevage, qui ne comptait que cinq chiens. Les vétérinaires gardaient les yeux ouverts à la recherche d'autres spécimens, et elle demanda une autorisation d'importation exceptionnelle aux autorités pour deux animaux que Tom Watson avait

Une randonnée avec des chiens dans les endroits les plus sauvages d'Islande : une fois par an, les éleveurs de chiens organisent une assemblée. Une promenade dans la nature est au programme — exactement ce qu'il faut pour les chiens.

expédiés en Angleterre. Pourtant, la situation s'améliorait : les agriculteurs, les éleveurs de moutons, les vétérinaires, tous ceux qui étaient susceptibles de détenir des informations sur les bergers d'Islande furent interrogés, et tous les petits éléments d'information ainsi collectés furent mis bout à bout : « Petit à petit, nous avons commencé à comprendre à quel point ce chien était formidable ». Au VIIe siècle, l'Islande était peuplée de clans celtiques et germaniques. Ils ont été rejoints au VIIIe siècle par des paysans norvégiens. Parmi leurs biens les plus précieux, on comptait des Buhund, des petits chiens de type Spitz utilisés comme chiens de troupeau et de garde. Ils se reproduisirent avec les chiens des Celtes et des Germains, et comme l'Islande était isolée, il n'y eut bientôt sur l'île qu'un seul type de chien : l'Islandais. C'était leur instinct de chien de berger qui les rendait si précieux à l'époque. Ils chassaient peu, car en dehors des renards, des souris et des oiseaux, il n'y avait pas grand-chose à capturer, et remplissaient leur fonction avec beaucoup d'enthousiasme. Ils gardaient les troupeaux de moutons sans que la moindre intervention humaine soit nécessaire. Lors des laborieux transports de marchandises, généralement conduits par plusieurs poneys, ils veillaient à ce qu'aucun des animaux ne disparaisse. Ce sont des chiens vigilants, ils aboient beaucoup et volontiers, mais font de piètres chiens de garde. Car les bergers d'Islande ne mordent pas. Il y a une raison à cela : la sélection. Les hommes dont la vie dépend du comportement de leurs chiens n'ont que faire des luttes de pouvoir. Les animaux agressifs étaient éliminés. Sigríður Pétursdóttir a atteint son objectif : en 1969, elle accueillit à l'hôtel Saga de Reykjavík les huit premiers membres de l'Association cynologique d'Islande, qu'elle venait de fonder. Depuis 1972, la race est reconnue par la FCI, la Fédération cynologique internationale. L'enthousiasme de cette amoureuse des chiens a fait des émules. Quelque 1 500 bergers islandais vivent aujourd'hui à travers le monde, dont cinq à la ferme de Sigríður. En 2008, la présidente d'Islande l'a décorée pour avoir sauvé la race. « J'ai dédiée cette récompense à Tom Watson », dit Sigríður. À vrai dire, elle voulait également emmener un chien à la cérémonie, mais elle a finalement renoncé à cette idée. Un chien au Parlement ? « Je crois que l'île n'est pas encore prête pour ça ».

Le berger d'Islande n'éprouve pas de difficultés particulières à arpenter des terrains accidentés ou rocailleux. Il est doté de pattes solides.

Un regard vif et des babines bien retroussées : le berger d'Islande est un chien de travail.

UN ROI VEILLE

Depuis que l'homme élève des moutons, il doit les protéger, et le chien est celui qui remplit le mieux cette fonction. Car pendant la journée, les rapaces tournoient au-dessus des troupeaux, et la nuit, les moutons sont la proie des loups, des chats sauvages et des voleurs. Le KANGAL, un chien de Turquie, est l'un des plus anciens chiens de berger du monde. « Lorsqu'il veille, disent les Turcs, tout le monde peut dormir sur ses deux oreilles. »

Page précédente : Les Kangals sont des chiens puissants. S'ils ont bien des propriétaires, ils ne tolèrent aucun maître. Ils ne se soumettent pas, n'obéissent à aucun ordre et prennent eux-mêmes l'initiative d'intervenir — le plus souvent la nuit.

Ci-dessus : Ces chiens de berger des Taurus, en Turquie, cohabitent avec les moutons dès leur plus jeune âge. Ils sont élevés ensemble. Le lien avec les moutons est très fort, mais la relation avec le berger est plutôt distante.

UN ROI VEILLE

Kral, « le roi », est fâché. De mauvaise humeur, il est allongé devant sa niche recouverte de tôle ondulée, et fait la tête. À son cou, une lourde chaîne. Certes, il est énervé de devoir traîner cette chaîne et d'entendre constamment son cliquetis, mais ce qui le met vraiment en colère, c'est de ne pas pouvoir se rendre à l'autre bout du village afin de montrer aux quatre jeunes mâles qui traînent par là qui est le maître. « Ils vont partir dans les montagnes dans quelques semaines, dit le doyen du village. Nous pourrons alors de nouveau le laisser courir en liberté ».
Mais en attendant, il doit rester enchaîné. « Nous ne le libérons que la nuit, car c'est le meilleur Kangal des environs ». Il y a trois mois, raconte l'homme, un loup affamé est venu rôder autour du village. La vache était agitée, les chiens étaient en alerte. Naturellement, le roi l'a également senti. Mais il l'a laissé. Pendant deux nuits, Kral est simplement resté là à fixer l'obscurité. Mais la troisième nuit, sans doute poussé par une faim devenue intenable, le loup a tenté de pénétrer dans le village et de s'emparer d'un mouton : « Tout est allé très vite, raconte l'ancien. Nous avons entendu des glapissements et le bruit d'un combat, et lorsque nous sommes arrivés en courant, le loup était déjà mort ». Ses yeux brillent de fierté lorsqu'il parle du roi : *Kangal köpegi nöbettutuyorsee rahatea uyuyabilirsiniz,* « Lorsque le Kangal veille, tout le monde peut dormir sur ses deux oreilles ».
Les Kangals sont des gardiens. Ils sont grands, puissants, rapides et ne semblent pas connaître la peur. Ce sont des chiens d'un autre temps. Leurs origines remontent au XIe siècle. À l'époque, les Seldjoukides, une dynastie princière turque, vainquirent les Byzantins à la bataille de Manzikert, et conquirent l'Asie centrale. C'est ainsi que les Turcs firent leur entrée en Anatolie centrale. Un pays dont de nombreuses régions sont aujourd'hui encore extrêmement isolées. Aucun arbre ne pousse sur les hautes terres. Le sol est peu fertile, les hivers sont glaciaux, et la température dépasse les 45 °C en été. Les moutons de Kangal, une espèce qui ne vit que sur les hauts-plateaux, constituent la principale ressource de la population. Ils sont plus gros et plus lourds que les autres moutons, et donnent plus de viande et de lait. En outre, leur laine est très recherchée : la laine de Kangal est plus fine, plus bouclée et de bien meilleure qualité. Les négociants de laine viennent de loin pour s'en procurer.
Toutefois, les montages d'Asie centrale abritent également des prédateurs. Le jour, les rapaces tournoient au-dessus des troupeaux. La nuit, les moutons sont la cible des loups, des renards, des martres et des chats sauvages. Les bergers sont impuissants. Ils ont beau crier en agitant leur bâton d'un bout à l'autre du troupeau, ils arrivent souvent trop tard, et s'ils tentent de s'interposer lorsqu'un aigle attaque, ils s'en sortent avec de graves blessures. Aucun berger n'affronte un loup. Les mâles ne craignent pas l'homme. En revanche, ils craignent les chiens, et même les gros oiseaux de proie évitent le combat. Car lorsque leur instinct de protection est suffisamment développé, les chiens attaquent même les aigles. Ensuite, ils lèchent leurs blessures.

Les chiens de berger tels les Kangals ne sont pas des chiens ordinaires : leur instinct de protection est surpuissant, monter la garde est leur plus grande passion. Dès leur plus jeune âge, ils sont placés avec leur mère au sein du troupeau et grandissent en compagnie des moutons — c'est ainsi qu'un lien se crée. Personne ne sait si une fois adultes, ils croient que tous les moutons sont des chiens ou qu'eux-mêmes sont des moutons, mais ce qui est sûr, c'est qu'il n'y a pas de meilleur gardien qu'eux. Les troupeaux sont accompagnés par un à quatre chiens. Parfois, on ne les voit pas, mais on peut être certain qu'au moins l'un d'entre eux répondra présent si la situation se gâte. Et comme les voleurs contre lesquels ils protègent les troupeaux, ils sont surtout actifs la nuit. Les chiennes patrouillent entre les moutons, tandis que les mâles circulent autour du troupeau, leur cou musclé protégé par un large collier à pointes. Ils peuvent être agressifs, mais ne s'emportent jamais. Car s'il leur arrivait de perdre leur

Les Kangals ne sont pas agressifs. Lorsque les femmes ou les enfants s'approchent des chiens, les hommes ne sont jamais loin.

Une température glaciale en hiver, 45 °C en été. La vie dans les monts Taurus est rude. Les protecteurs sont les bienvenus.

Un jeune mâle arborant le masque caractéristique. Les Kangals sont considérés comme les meilleurs chiens de berger d'Anatolie.

Cuneyit et son Panzer. Ce nom est révélateur d'une attente : le chien doit être invincible.

sang-froid, ils se laisseraient distraire par les manœuvres de diversion. Et à quoi bon un gardien qui se lance à la poursuite d'un assaillant alors que le reste de la meute attaque le troupeau ? Les Kangals gardent toujours cela à l'esprit.

Les Kangals observent et jaugent. Ils n'attaquent que lorsqu'ils perçoivent clairement un danger. Ensuite, ils se montrent inflexibles. On raconte que Mustafa Kemal Atatürk, le fondateur quasi vénéré de la Turquie moderne, aurait été le témoin d'un combat entre un loup gris et un Kangal. Atatürk était à l'époque poursuivi pour rébellion, sa tête était mise à prix. Son moral était au plus bas, il envisageait de se rendre et de renoncer à ses idéaux. Le courage du loup face à un adversaire aussi puissant l'aurait tellement impressionné qu'il se serait lui-même donné le surnom de *Bozkurt*, « loup gris ». En octobre 1923, il devint le premier président de la République de Turquie.

Les Kangals sont parfaitement indépendants. Ils répondent certes à l'appel du berger s'ils l'entendent, mais cela dépend toutefois de leur humeur. Ils sont intelligents, apprennent rapidement, mais ne suivent les ordres que s'ils leur paraissent justifiés. Après avoir veillé pendant des millénaires sur les moutons, ils ont appris à prendre leurs propres décisions. Les Kangals ont un propriétaire, mais pas de maître — et ils n'en ont pas besoin. Car si la plupart des chiens occidentaux reçoivent de la nourriture, de la chaleur et de l'affection en échange de leurs bons et loyaux services, ce n'est pas le cas dans les monts Taurus. Les chiens n'entrent pas dans les maisons, les contacts physiques avec les hommes sont limités, et la nourriture qu'on leur propose les laisse plutôt sur leur faim. Car les bergers ne leur donnent que du Yal, une bouillie composée de farine d'orge et d'eau. Cela leur remplit certes l'estomac, mais ne leur apporte pas les protéines dont ils ont besoin. Si les chiens veulent de la viande, ils doivent chasser. Ou alors, ils ont de la chance et reçoivent un mouton — car d'après l'islam, seuls les animaux en bonne santé peuvent être égorgés. Les moutons blessés ou malades reviennent aux chiens.

Les premiers Kangals sont arrivés en Europe en 1965. Une archéologue réussit à convaincre un paysan de lui échanger un jeune mâle contre un couteau de chasse, et elle ramena le chien avec elle en Angleterre. Plus tard, elle retourna en Turquie chercher une chienne. Gazi et Sabahat sont les aïeux de la quasi-totalité des Kangals qui vivent en Europe. Jusque-là, les chiens n'avaient même pas de nom dans leur pays d'origine. Ils n'ont reçu le nom de Kangal que vers 1980 ; avant, on les nommait simplement *Çoban Köpegi*, « chiens de berger ».

Si les Turcs n'ont pris conscience que très tard de la valeur culturelle de leurs chiens, ils n'ont pas fait les choses à moitié : aujourd'hui, les Kangals sont considérés comme un trésor national ; leur portrait apparaît sur deux billets et une pièce. Des programmes d'élevage

À gauche : Les Kangals peuvent se montrer très affectueux, mais ce sont eux qui décident qui peut les prendre dans ses bras. Ci-dessus : Les moutons, avec lesquels ils cohabitent dès leur plus jeune âge, sont leur véritable passion. Les Kangals gardent des moutons depuis environ 3000 ans. Les hommes des Taurus leur donnent simplement le nom de Çoban Köpe i, « chiens de berger ».

nationaux et plusieurs projets de recherche ont été mis sur pied. Problème : cette folie du Kangal a entraîné sa mythification. Des légendes immémoriales que l'on ne se racontait auparavant qu'au coin du feu ont commencé à circuler. Les Kangals auraient le don de double vue. Pour les rendre invincibles, il suffirait de mélanger à leur nourriture les oreilles coupées de leurs adversaires. Leurs ergots — certains animaux en auraient même deux à chaque patte — seraient un signe de leur intelligence hors du commun et porteraient chance à leur propriétaire. De nombreux admirateurs du Kangal associent même son destin à celui du fondateur du pays, Kemal Atatürk : des chiens auraient combattu à ses côtés et lui auraient sauvé la vie plusieurs fois. « Naturellement tout cela n'est que de la fumisterie, dit Elisabeth von Buchwaldt. Les Kangals ne sont pas des chiens mystiques. Ce sont certes des chiens remarquables, mais ils n'ont rien de mystérieux ! »

Cette Hambourgeoise est la référence européenne en matière de Kangal. Depuis plus de vingt ans, elle se démène pour ces chiens et en possède elle-même quatre. Elle se rend plusieurs fois par an en Turquie, et depuis deux ans, elle est citoyenne d'honneur de Kangal. Elle a organisé des campagnes de vaccination, mis sur pied des projets de recherche, a sensibilisé des représentants de l'État et a levé des fonds. Elle connaît toutes les lignées et tous les éleveurs, fournit des chiens dans le monde entier dans le cadre de projets impliquant des chiens de berger et s'est constituée au fil des ans un réseau d'information efficace. Mais les nouvelles qu'elle reçoit ne sont pas toujours bonnes : images de combats sanglants, annonces d'épidémies de maladie de Carré ou de décès absurdes d'animaux. Autant la race est célébrée, autant la vie des individus semble avoir peu de valeur en Turquie : personne n'éprouve de scrupules à enchaîner les chiens, ils sont rarement vaccinés, et seule une minorité d'entre eux voient un vétérinaire au cours de leur vie. Et des animaux meurent tout le temps par négligence de leur propriétaire : « Lors du festival de Kangal qui s'est déroulé il y a deux ans, j'ai vu deux chiens magnifiques que leur propriétaire avait transportés dans le coffre de sa petite voiture alors que la température atteignait 30 °C à l'ombre ». L'homme a posé avec ses chiens pour les photos, a serré des mains, s'est réjoui du prix qui lui avait été décerné pour ses animaux, puis les a remis dans le coffre de sa voiture avant de partir boire un coup, tout content de lui. « Lorsqu'il est revenu au bout de quelques heures, ses chiens étaient morts d'un coup de chaleur ».

On coupe souvent les oreilles des chiens de troupeau. Plus tard, ils portent un collier à pointes métalliques.

Les Kangals sont un symbole de statut social. Avec un Kangal, les petits paraissent grands, et les puissants encore plus puissants. En Basse-Saxe, Elisabeth von Buchwaldt et quelques associés s'occupent d'un refuge dans lequel sont hébergés temporairement une centaine de Kangals — presque tous sont nés dans de grandes villes comme Berlin, Cologne ou Essen. Les Kangals sont des chiens du Moyen-Âge. Ils sont authentiques, autonomes et indépendants par nature. Ils ne sont pas faits pour vivre en ville, et ne s'entendent pas avec les autres chiens. Ils ne sont vraiment heureux que lorsqu'ils ont une mission à accomplir, a fortiori lorsque cette mission a trait à la protection. Toutefois, la Turquie est également touchée

Les chiens qui vivent dans la région de Kangal ont souvent les os déformés. En effet, les bergers les nourrissent avec du Yal, une bouillie composée d'eau et d'orge. Cette préparation contient suffisamment de calcium pour permettre aux os de grandir, mais en raison de la carence protéique, les muscles ne suivent pas.

par le déclin du secteur ovin, et les chiens ne sont pas adaptés pour garder les troupeaux de bœufs. En outre, toutes les tentatives de l'armée d'utiliser le Kangal comme chien de garde se sont soldées par un échec. Car ces chiens doivent se soumettre, suivre des ordres et se montrer fiables — et le berger d'Anatolie n'a aucune de ces qualités. Il a certes fait ses preuves comme chien de compagnie, à condition que son propriétaire soit prêt à installer une clôture très haute et très stable, mais il obtient des résultats catastrophiques aux tests de sociabilité.

Sont-ils pour autant voués à disparaître ? Non, répond Elisabeth von Buchwaldt. « Mais nous devons leur trouver de nouvelles fonctions ». Car ces géants têtus ont un gros avantage : de toutes les races de chiens de berger du monde, ils sont les seuls à travailler encore majoritairement avec des moutons. Ils sont intelligents, comprennent vite et peuvent également être mis à contribution dans le cadre de missions ponctuelles. À Kaltenkirchen, dans le Schleswig-Holstein, une bergère a lâché deux Kangals au milieu de son troupeau afin de chasser les grands corbeaux, des oiseaux strictement protégés mais qui représentent un danger pour les agneaux. En Namibie, la tentative d'utiliser des Kangals pour protéger les troupeaux de moutons contre les guépards s'est avérée fructueuse. Enfin, les Kangals sont également très appréciés des éleveurs de moutons américains et australiens. Là-bas, certains pâturages sont si isolés que les bergers ne restent pas auprès des troupeaux — l'idéal pour un chien qui préfère rester seul avec ses protégés.

Sur un pâturage près de Kangal, un mouton se dirige vers l'une des chiennes qui garde son troupeau. Il mâchonne avec curiosité une pointe du collier métallique puis, confiant, frotte sa tête contre l'épaule du chien. Tous deux restent dans l'herbe, tête contre tête. Un spectacle ordinaire pour les bergers. « J'ai entendu dire que vous autres Allemands avez également des Kangals et qu'ils vivent à l'intérieur de vos maisons, chuchote-t-il en me désignant ce couple disparate. Mais je crois que les chiens ne sont vraiment heureux que lorsqu'ils se trouvent auprès des moutons ».

UN ALPINISTE INVÉTÉRÉ

Il a une excellente réputation. Le SAINT-BERNARD passe pour une bonne pâte aimant les enfants, et il est entré dans la légende pour avoir sauvé de nombreuses vies. Pendant des siècles, il a été le fidèle compagnon des augustins de l'hospice du Grand-Saint-Bernard. De nos jours, la fondation Barry assure la continuité de la race, et les touristes amis des animaux peuvent partir en randonnée avec ce grand chien.

SOS
FERMEZ LA PORTE
S.V.P.

Le chien du Saint-Bernard est un gentil compagnon. Son grand cou est surmonté d'une tête imposante. Et en effet, ses grands yeux bruns complaisants lui donnent un air bon enfant, et il respire la tendresse. Son pelage taché de rouge brun et de blanc, épais et généralement court, est un peu rêche au toucher. Un Saint-Bernard adulte peut peser jusqu'à 100 kg. Ce n'est pas une peluche, bien que son aspect physique incite vraiment à se reposer sur lui, au propre comme au figuré.

La plupart de ceux qui ont tenté de déterminer ses origines prétendent qu'il vient d'Asie. Quoi qu'il en soit, les Saint-Bernard étaient déjà réputés au Moyen-Âge dans le Valais, le canton de Vaud et l'Oberland bernois pour leurs qualités de chiens de garde. Vers 1670, plusieurs familles suisses en firent cadeau aux augustins de l'hospice du Grand-Saint-Bernard, qui en élevèrent jusqu'en 2004. Ce mont d'une altitude de 2 473 mètres a donné son nom à la race : le chien du Saint-Bernard.

Le col du Grand-Saint-Bernard marque la frontière entre l'Italie et la Suisse et a vu passer Napoléon et ses hommes. Pendant plus de six mois, le froid et le brouillard règnent sur ces sommets karstiques. Aujourd'hui de nombreux voyageurs empruntent le tunnel qui traverse l'énorme montagne plutôt que l'imposante route des Alpes. Lorsque le temps le permet, le trajet vaut le détour : soit en voiture, soit avec le train de Martigny, soit en bus. Là-haut, à l'hospice fondé en 1050 par Saint-Bernard et agrandi plusieurs fois depuis, vivent trois augustins. D'ailleurs, ils ressemblent plutôt à M. tout-le-monde avec leurs pull-overs à col roulé, par-dessus lesquels pend la sainte croix. Depuis que ces hommes très pieux ont abandonné l'élevage des Saint-Bernard à l'hospice, ils se consacrent entièrement à l'aide spirituelle, mais ont toutefois délaissé leur froc.

Il est possible de faire halte à l'église baroque ou de demander le gîte à l'hospice. Les randonneurs qui aiment les animaux peuvent aller à la rencontre des Saint-Bernard dans leur enclos et passer ensuite un moment agréable en compagnie de ces chiens athlétiques et de leur accompagnateur, sur des sentiers facilement praticables. La fondation Barry, qui se mobilise pour la sauvegarde de l'histoire de ce chien très apprécié et porte le nom d'un Saint-Bernard légendaire, propose en effet depuis peu des randonnées avec ses Saint-Bernard. Manuel Gaillard, membre de la fondation et responsable des chiens et du chenil, n'a pas une très haute opinion de l'image romantique qui entoure le glorieux animal. Pour lui, un Saint-Bernard est comme n'importe quel autre chien : « Tout est une question d'éducation ». La Fondation possède actuellement 20 chiens. Huit vivent au musée du Saint-Bernard de Martigny. Les autres vivent dans un grand chenil situé sur le terrain de l'hospice.

À gauche : Les seules interventions de premier secours auxquelles se livrent les Saint-Bernard sont désormais mises en scène pour les photos. La fondation Barry de Martigny propose toutefois des randonnées en compagnie de ses chiens dans la région du col du Grand-Saint-Bernard.
En haut à droite : La route qui mène vers le col est jalonnée depuis toujours de témoignages de la combativité suisse.

De temps en temps, quelques chiots crapahutent à travers le terrain. Manuel Gaillard possède à titre personnel un berger allemand provenant de l'élevage de son père. « Mais il ne se débrouille pas aussi bien en montagne. Les Saint-Bernard sont indépendants et leur pas est extrêmement sûr. Je me demande si cela tient à la morphologie de leurs pattes ? »
Depuis le XVIIIe siècle, les domestiques de l'hospice avaient pour mission d'aller à la rencontre des randonneurs et de récupérer les personnes épuisées en montagne. Lorsqu'un serviteur faisait sa ronde quotidienne, il portait toujours du pain et une bouteille de vin dans sa besace et était accompagné d'un ou deux Saint-Bernard, qui avaient été auparavant dressés à détecter les personnes enfouies sous la neige, même profondément, et à retrouver leur chemin jusqu'à l'hospice, même en cas de blizzard. Le Barry en question (1800-1814) aurait sauvé 40 personnes et serait rentré à l'hospice avec un enfant

Ci-dessous : Depuis 2005, Manuel Gaillard est responsable des célèbres Saint-Bernard de la fondation Barry. À droite : Un Saint-Bernard de l'élevage de Martigny et son regard si caractéristique.

épuisé sur le dos. C'est ainsi que naît une légende, et Barry a désormais un monument à sa gloire au cimetière des chiens d'Asnières, près de Paris. En outre, la fondation Barry donne aujourd'hui encore le nom de Barry au plus beau mâle de chaque portée. Le Saint-Bernard, reconnu comme une race suisse depuis 1 887 et représenté comme un héros des pistes dans l'imagerie pittoresque, était avant tout un chien d'accompagnement, et les moines du Grand-Saint-Bernard ont contribué à le faire connaître comme tel. C'est un limier par nature et il marche toujours en tête, ouvrant la voie à ceux qui le suivent. Ce n'est que dans les années 1950 qu'on a commencé à le dresser comme chien d'avalanche. Bien qu'il soit parfaitement adapté à cette tâche — notamment grâce à son flair infaillible — on utilise aujourd'hui des chiens plus légers pour rechercher les personnes enfouies. Les Saint-Bernard sont en effet trop gros et trop lourds pour être transportés en hélicoptère et sur les véhicules de piste. La pondération dont ils sont réputés faire preuve a également un revers : ils ne sont pas pressés. Un chien de berger dressé comme chien d'avalanche est plus rapide. De nos jours, la fondation Barry n'élève pas des chiens d'avalanche mais des Saint-Bernard, dans la perspective de perpétuer la race. N'importe quel amateur peut y acheter un chien. Ils sont âgés de 10 mois et habitués à l'homme lorsque la fondation les cède. « Le dernier Saint-Bernard que nous avons vendu est parti à Berlin », raconte Manuel Gaillard. Les années de labeur de ces adorables montagnards sont derrière eux. Aujourd'hui, ils vivent leur vie et sont utilisés de temps à autre pour le tourisme « doux ». Car il n'y a rien de plus reposant qu'une petite promenade dans les alpages rocailleux qui entourent l'hospice. Cela fait du bien au chien, et le randonneur se détend à la vue de cet animal qui avance d'un pas mesuré. Le Saint-Bernard porte aujourd'hui un collier rouge orné de la croix suisse qui donne un air pimpant à ce héros national. Il porte également sur son dos un sac rouge contenant une trousse de premier secours. Mais il serait inutile de chercher un petit tonneau autour de son cou. Ni la fondation ni les éleveurs ne semblent tenir à cet objet de mauvais goût.

« Les hommes sont difficiles à éduquer. Les chiens sont plus logiques », affirme Derek Scrimgeour. Ce spécialiste des BORDER COLLIES sait de quoi il parle. Il travaille avec ces chiens de berger vifs dans les Borders, la région qui sépare l'Écosse de l'Angleterre et qui a donné son nom à cette race.

LE VIRTUOSE DES BORDERS

Dans leur région d'origine, le mâle Ralleye et ses congénères gardent les moutons et les bœufs. Lorsqu'un Border Collie découvre la garde d'un troupeau pour la première fois, il ne peut plus s'en passer.

Le paysage vallonné des Borders, le territoire qui sépare l'Écosse de l'Angleterre, une région fascinante : le regard se porte bien au-delà des pâturages où paissent les moutons, pour se poser sur la croupe rocailleuse des montagnes.

Kelswick est un petit village situé près de la frontière verdoyante qui sépare l'Écosse de l'Angleterre. Ici, les magasins de loisirs de plein air sont plus nombreux que les supermarchés. Les randonnées ont la cote. La région est connue pour ses montagnes spectaculaires, ses lacs cristallins et ses moutons qui paissent sur des pâturages infinis. C'est le pays des Border Collies, qui tirent leur nom de cette région frontalière, les Borders. Dès que les moutons écossais à tête noire, les *Blackface Sheep,* agnèlent au printemps, ils partent en nombre rejoindre les sommets arrondis. Pour trouver suffisamment de nourriture, les troupeaux doivent parcourir de longues distances. Aujourd'hui, sans ces chiens dociles, il serait presque impossible pour les bergers et les agriculteurs de conduire leurs troupeaux.

Un long sifflement retentit à travers les prés fraîchement fauchés. Une mêlée de moutons descend rapidement de la montagne en sautillant. À ses talons, Bluddy, un Border Collie dressé âgé de 3 ans, qui a aujourd'hui autant de valeur qu'une petite voiture. Il appartient à Derek Scrimgeour. Les chiens de cet éleveur et éducateur canin couronné de succès sont très demandés par les agriculteurs et les éleveurs. *Lay down*, ordonne-t-il au chien noir et blanc. Immédiatement, Bluddy se couche, les pattes avant sur l'herbe, et attend, tendu.

« Un bon chien de berger doit contrôler son troupeau, mais ne doit jamais le faire paniquer », explique le spécialiste. Depuis trente ans, cet agriculteur de métier du Perthshire dresse des Border Collies. « Le premier Border que j'ai rencontré m'a mordu, et j'ai décidé que je ne voulais plus avoir affaire à un chien de toute ma vie, raconte-t-il. Mes parents se sont dit que la seule façon de me guérir de ma peur était de m'offrir mon propre chien ». Contrairement à d'autres races de chiens de conduite, le Border Collie accepte l'homme comme chef de meute. Lorsque Derek Scrimgeour a reçu son premier Border Collie, il a été fasciné par les capacités d'apprentissage de ce chien et a retracé son histoire. Les *sheep dogs* étaient déjà utilisés au Royaume-Uni au XVIe siècle pour rassembler les animaux sur les immenses pâturages. Ils sont vite devenus indispensables. Old Hemp, qui était un étalon très demandé dans la région en raison de sa capacité à anticiper le comportement des moutons, est considéré comme l'ancêtre du Border Collie moderne. Aujourd'hui encore, le rassemblement des animaux, la mise en branle du troupeau, l'isolement de certains moutons, le contournement des obstacles et le retour à la bergerie font partie des tâches confiées à ses descendants. À chaque fois, le maître du chien ne doit donner ses ordres qu'à distance, et uniquement en cas de besoin. « À la différence de nombreuses autres races, le Border Collie accepte l'homme comme chef de meute », explique Derek Scrimgeour.

Ci-dessus : Depuis plus de vingt ans, la ferme de Lonscale est un lieu d'élevage et de dressage des Border Collies. À droite : Rachel, la fille de Derek, participe à l'élevage des Border Collies, mais sa préférence va à Millie, un West Highland Terrier.

« Il ne se battra jamais pour le rôle du mâle alpha. Il se perçoit davantage comme un membre de l'équipe, il souhaite s'en tenir à sa mission et faire en sorte de l'accomplir de son mieux ». Vingt chiens vivent à Lonscale, un vieux corps de ferme situé au cœur des Borders. La meute compte également quelques chiots. Les plus jeunes ont seulement deux jours et gigotent sous le ventre de leur mère, les yeux encore fermés. « Il faut commencer le dressage tôt et le baser sur le jeu, précise l'éleveur. Les Border Collies apprennent facilement lorsqu'ils y prennent du plaisir. Ils possèdent des capacités incroyables : ils sont athlétiques, endurants et leur volonté d'apprendre est sans borne. » Il trouve d'ailleurs que les chiens sont plus faciles à dresser que leurs propriétaires. « De trop nombreux maîtres reportent leurs émotions sur leur chien. Il a certes des sentiments, mais pas les mêmes que les nôtres. C'est pourquoi je le dis dès la première heure : les animaux ne ressentent pas les choses de la même façon que nous ! » Aujourd'hui encore, il accueille chez lui un petit groupe venu chercher un peu d'aide : quelques paysans taciturnes des environs, ainsi que des Irlandais et des Espagnols. Derek Scrimgeour les accompagne à grands pas dans un pré clôturé sur lequel paissent deux troupeaux de moutons destinés à l'entraînement des Border Collies. Mike Field, un médecin originaire d'Irlande du Nord, présente son compagnon Spickey. *Get back !* crie-t-il au preste Border Collie, qui peut atteindre des pointes de près de 40 km à l'heure. Au départ, le dressage n'était pour lui qu'un passe-temps. « Puis j'ai fini par acquérir quelques moutons afin que le chien puisse s'exercer au rassemblement de troupeau », avoue-t-il.

Spickey plaque l'avant de son corps au sol et rentre sa queue d'un air concentré. Le chien avance lentement et regarde fixement les moutons. Cette attitude complexe déclenche un comportement de fuite chez ces derniers. Normalement du moins. Car aujourd'hui, la plupart des moutons se dispersent autour de Spickey. Il ne contrôle absolument pas son troupeau, le pourchasse dans la mauvaise direction ou laisse les moutons prendre la fuite. « Tu devrais te montrer plus directif avec ton chien, ta voix a un ton beaucoup trop interrogatif », constate Derek Scrimgeour. Il lui conseille de travailler avec un sifflet. « Il ne véhicule aucune émotion, et transmet seulement un ordre ». Mike Field essaie. Spickey réagit immédiatement au coup de sifflet, rassemble rapidement le troupeau et retourne auprès de son maître. « Tu vois ! » le félicite Scrimgeour.

L'éducateur canin est devenu une véritable sommité, il publie des livres et des vidéos. Mais il n'entraîne ses propres chiens que deux fois par semaine. « C'est comme avec l'homme : un chien intelligent n'a pas besoin de s'exercer tous les jours, explique-t-il. Il est parfaitement capable de s'occuper tout seul ». L'instinct de travail du Border Collie est très marqué. Si l'on n'y prend pas garde, il peut devenir un véritable tyran. Comme tout le monde ne possède pas de moutons, il est indispensable de bien éduquer et former le Border Collie. Il serait absurde de tester son chien au troupeau. On risquerait de réveiller une pulsion endormie — et le chien deviendrait alors intenable. Il est également déconseillé de laisser courir un Border derrière une vache, car cette expérience est porteuse d'une promesse qu'aucun propriétaire n'est capable de tenir par la suite.

Après l'entraînement, les visiteurs et les chiens se retrouvent dans la grande cuisine de Derek Scrimgeour. Tandis que sa fille Rachel prépare le repas, les maîtres se répartissent autour de la table, sirotent un thé et passent la journée en revue. Quelqu'un demande à la cantonade ce qui caractérise le mieux le travail avec les Border Collies. Les réponses fusent : on ne s'ennuie jamais avec ces petits chiens rapides. « Lorsque l'on possède un Border Collie, il est impératif de lui trouver une occupation », précise Derek Scrimgeour avant de se mettre à rire. Il perçoit également la problématique de l'instinct de travail. « Il n'est pas forcément nécessaire de lui acheter des moutons, comme Mike l'a fait. Mais si un Border n'a rien à faire, il va se chercher lui-même une occupation — et elle ne sera pas toujours à notre goût ! »

La vie avec les Border Collies : même en portrait, le chien semble tenir à l'œil tout ce qui l'entoure.

Fini l'entraînement : Mike Field ramène son Border Collie Spickey, âgé de 2 ans, à la maison en quad.

Une petite ménagerie, incluant notamment des paons, apporte une note de couleur à la ferme des Border Collies.

Pour un Border Collie bien dressé comme Jock, il faudra débourser entre 3 000 et 4 000 euros.

LA FIERTÉ DE L'HINDOU KOUCH

Le Coran enseigne que les anges ne pénètrent pas dans une maison abritant un chien. Et pourtant, de nombreux Afghans rêvent de posséder un SAGE KOUCHI. Ce chien de nomade est pour eux un véritable trésor. Et ils sont convaincus qu'il porte chance.

Pages précédentes : L'Afghanistan fait partie des pays les plus pauvres du monde. Quiconque possède un Sage Kouchi jouit d'une grande estime. Les familles n'ont pas suffisamment d'argent pour s'acheter des chaussures dignes de ce nom, mais elles n'hésitent pas à offrir leur ration de viande au chien.

Ci-dessus : Les propriétaires de chiens doivent rester au premier rang lors d'un combat. C'est en observant que les chiens apprennent à se battre. Les entraînements sont pratiquement inexistants, car les chiens risqueraient de se voir infliger de très graves blessures.

« Ton chien a l'air d'une vraie mauviette ! Et c'est lui qui est censé vaincre Twor ? » Le vieil homme barbu rit en désignant le chien de son concurrent, tenu au bout d'une chaîne par deux hommes. Il interpelle les spectateurs : « Eh, vous autres, regardez Twor ! Il est beaucoup plus gros que les autres et il a remporté tous les combats ! » Charman-e-Babrak, banlieue de Kaboul, huit heures plus tôt.

Sur le haut-plateau situé au nord de la ville, quelque 600 hommes sont rassemblés, et leur nombre ne cesse d'augmenter à chaque minute qui passe. Ils montent le chemin un à un, et des véhicules pleins à craquer fendent la foule en klaxonnant impatiemment. Quelques enfants tentent de vendre des petits gâteaux faits maison et des haricots chauds. C'est vendredi, un jour de fête pour les musulmans. À midi, les muezzins lanceront l'adhan, l'appel à la prière, dans les mosquées, mais jusque-là, les hommes ont quartier libre.

« Nous montons ici pour passer du temps ensemble, pour parler, rire, fumer, et regarder les chiens se battre, explique l'un d'eux. Vous aimez les combats de boxe, nous, les combats de chiens ». Alors qu'un groupe de jeunes hommes passe avec un énorme Sage Kouchi qui doit peser dans les 70 kg, il se détourne brusquement, énervé, pour échanger précipitamment quelques mots avec les autres hommes. Quelques-uns fouillent dans leur poche, tendent des billets. Est-il autorisé de parier ? Il répond, le regard malicieux, le front plissé : « Non, c'est interdit, le prophète est contre les jeux d'argent. Mais regarde comme ce gaillard est puissant. Ce serait idiot de ne pas miser quelques afghanis sur lui ! »

Les hommes se sont assis, formant un grand cercle. Un arbitre agite un gourdin et veille à ce qu'aucun spectateur n'avance trop près. Maintenant, seuls les deux chiens, leurs maîtres et lui sont autorisés à rester dans l'arène. L'un des chiens s'appelle Palang, « le tigre », l'autre Twor, « l'épée ». Au signal de l'arbitre, les chiens sont lâchés. La foule se déchaîne. Qui domine qui, qui a misé sur le mauvais chien, la situation évolue de seconde en seconde. C'est une lutte sauvage, mais ce n'est pas un combat jusqu'au sang. Aucun des chiens ne mord l'autre, aucun n'essaie de prendre son adversaire à la gorge. Au lieu de cela, ils se jettent l'un contre l'autre, s'attrapent par la peau de la nuque et tentent de se soumettre mutuellement.

Les spectateurs suivent le combat avec passion. Ils exultent lorsque Palang jette Twor sur le dos. Ils deviennent presque frénétiques lorsque Twor réussit repousser l'énorme mastiff et à le saisir par le cou. Beaucoup d'hommes ont du mal à se contenir. Des querelles éclatent là où certains tentent de passer devant, empêchant les autres de voir. Les jurons fusent. Les maîtres, nerveux, courent derrière leurs chiens propulsés à travers l'arène. Car celui qui gagne le combat n'est pas celui qui blesse gravement son adversaire ou le tue, mais celui qui le premier montre des signes de faiblesse. Si l'un des chiens est blessé, le combat est interrompu. Car ici, la plupart des hommes sont pauvres. Même si le propriétaire d'un chien victorieux jouit d'une grande renommée, personne n'a les moyens de payer un vétérinaire.

Un chien n'a pas besoin d'être beau. On reconnaît un chien de combat à ses oreilles, coupées par précaution.

Au bout de dix minutes environ, le combat est terminé : Palang, le tigre, se dérobe, et Twor, l'épée, est déclaré vainqueur. Fiers et extrêmement heureux, le propriétaire et ses amis entraînent le chien encore galvanisé par l'adrénaline, tremblant de tout son corps, à travers la foule en liesse vers un lieu plus calme. Là, ils le soignent avec des bandages colorés, passent en revue toutes les phases du combat et teignent le pelage de l'animal avec du henné. « Tout le monde ici doit voir que je possède un champion ! » dit l'homme, triomphant.

Les Afghans aiment les combats de chiens, et ils aiment également les chiens qui se tiennent dans l'arène, du moins tant qu'ils gagnent. Ce sont des *Sage Kouchi,* des chiens destinés à protéger les troupeaux, qui à l'origine étaient chargés d'accompagner les caravanes des nomades. Les cynologues de la FCI, la Fédération cynologique internationale, les considèrent comme une variété locale du berger d'Asie centrale, mais pour les Afghans, il s'agit d'une race à part entière. Toutefois, la distinction de la FCI est bien fondée. Car les *Kouchis*, littéralement les « nomades », sont certes originaires d'Afghanistan, et plus précisément des montagnes de l'Hindou Kouch, mais les hivers sont trop rigoureux pour eux. Ils partent donc chaque année en direction du Pakistan voisin avec leurs animaux, traversent le Nord de l'Inde, longent la frontière du Tibet et plantent finalement leurs tentes dans la région chinoise du Xinjiang. Au printemps, lorsque les températures remontent, ils chargent leurs chameaux avec leurs tentes en jute, du bois de chauffage, des cordes et des gamelles et retournent en Afghanistan. En chemin, ils ne prennent pas garde à ce que leurs chiens ne s'accouplent qu'entre eux. Pourquoi donc ? Parce qu'ils ne connaissent pas la notion de race, et que la robe et l'apparence des chiens n'ont aucune importance pour eux. Ce qui les intéresse, c'est la taille, la puissance, le courage et l'instinct de protection.

Les caravanes de chameaux sont lentes et difficiles à défendre. L'idée de les faire escorter par des chiens ne remonte donc pas à hier. Et où les chefs de caravane se procurent-ils de tels chiens ? Auprès des éleveurs de chiens de garde et de combat. Il en existe depuis que les hommes ont commencé à mener des guerres. Lorsque les Babyloniens et les Assyriens ont assailli les villes et villages ennemis, en 1 500 av. J.-C, ils étaient accompagnés de chiens

Les combats de chiens ressemblent plus à une lutte qu'à une barbarie incontrôlée. Lorsque le sang commence à couler, les chiens sont séparés. C'est nécessaire, car personne n'a les moyens de payer un vétérinaire.

Ci-dessus : Les Afghans n'apprécient pas les Sage Kouchi parce qu'ils sont mignons. Leur entretien coûte cher, l'argent des combats doit compenser.
Ci-dessous : Prêt pour le combat : un chiot aux oreilles coupées.

puissants qu'ils nommaient « chiens-lions ». Ces animaux portaient des cuirasses en cuir épais, et des couteaux et des torches étaient souvent accrochés à leur collier. Les soldats à pied en avaient une peur panique, et lorsqu'ils étaient lancés contre des cavaliers, ils infligeaient des blessures épouvantables aux chevaux.

L'historien grec Hérodote (484-425 av. J.-C.) évoque dans ses *Histoires* les Massagètes, un peuple de cavaliers qui vivait au bord de la mer d'Aral et possédait d'énormes meutes de chiens de combat, qui ont plus tard fait l'objet d'un élevage. Ces animaux, nommés « chiens indiens », étaient vendus en Perse. Lorsqu'Alexandre le Grand, lors de sa campagne de conquêtes contre les Perses, parvint en Inde, il reçut de la part du roi Sophytes 150 de ces molosses. Pour prouver la valeur de son présent, le roi Sophytes aurait envoyé un lion particulièrement gros dans l'arène et aurait lâché quatre chiens contre lui. L'un des chiens aurait mordu le félin au point de ne plus le lâcher, permettant aux soldats de lui couper les quatre pattes. Alexandre aurait été si impressionné qu'il aurait décidé de rapporter les chiens en Europe et de les élever. Le régiment de 2400 chiens de guerre présenté par le pharaon égyptien Ptolémée lors d'une parade à Alexandrie est probablement issu de cet élevage.

En 168 av. J.-C., les Romains écrasèrent le roi des Macédoniens à Pydna et réquisitionnèrent la plupart des molosses utilisés pour le combat. Les citoyens romains qui possédaient des objets de valeur faisaient garder leur maison par l'un de ces molosses. Les animaux portaient des noms aussi variés qu'Agriodus (dent pointue), Porthon (ravageur) ou Thymus (courage). Ils furent bientôt si nombreux que le Sénat romain dut contraindre tous les propriétaires de chiens à placer un avertissement, *Cave canem !*, « attention au chien ! », devant leurs maisons. Les chiens des Afghans portent des noms similaires aux chiens de la Rome antique. Ils s'appellent Tigre, Lion, Poignard ou bien Épée, et leur rôle est le même que celui des chiens romains. Leurs propriétaires jouissent d'une grande renommée. Mais posséder un chien coûte cher. L'Afghanistan est l'un des pays les plus pauvres du monde. Il se classe 173e sur 178 au classement des pays

La stratégie est importante lors d'un combat. Lorsque l'adversaire choisi est trop fort, si le chien n'a pas de chance, le propriétaire voit sa réputation ternie. Personne ne voudrait prendre ce risque. L'entretien du chien coûte une petite fortune.

selon l'Indice de développement humain. Plus de 70 % des femmes et 50 % des hommes sont analphabètes, et seul un quart de la population a accès à des soins médicaux et à de l'eau potable. La mortalité infantile est élevée, l'âge moyen ne dépasse pas 44 ans et le revenu annuel moyen se monte à 800 dollars. De nombreux hommes parviennent à peine à nourrir leur famille. « J'ai six enfants, une femme et deux chiens, raconte Abdul Shajahan. Lorsque nous avons de la chance, tout le monde mange de la viande. Lors des périodes de vaches maigres, seuls les chiens en ont ». Shajahan est originaire du Panshir. Il ne sait ni lire ni écrire, et ne trouve pas de travail. Pourquoi ne se débarrasse-t-il pas de ses chiens ? « Parce qu'ils sont importants, dit-il. Ils nous protègent, et peut-être nous portent-ils chance d'une certaine façon ».

« Un bon combat peut changer la vie, dit un homme, qui se présente sous le nom de David. Il y a quelques années, raconte-t-il, il y avait au village de Charasia un chien invaincu depuis plusieurs années ». Les organisateurs cherchaient un nouveau champion et sont venus trouver David. « Mon chien était fort, mais jeune et inexpérimenté. J'ai d'abord refusé, mais ils ne m'ont pas lâché. » Le combat a duré trente minutes. Une demi-heure au cours de laquelle David le gardien de parking est devenu David, le propriétaire adulé d'un nouveau champion. « Les gens m'acclamaient et nourrissaient le chien avec du lait et des œufs ». On parle encore du combat aujourd'hui. « Ç'a été le plus beau jour de toute ma vie ».

ENTRE
CHIEN
ET LOUP

Les forêts de Papouasie-Nouvelle-Guinée abritent le chien le plus rare du monde: le chien chanteur de Nouvelle-Guinée. On l'a étudié dans des zoos, mais on ne sait pratiquement rien de sa vie dans la jungle. Pourtant, il pourrait permettre de répondre à une question cruciale: comment est-on passé du loup au chien?

Pages précédentes : Découverte sur le Kapa Kapa Trail : un village dans la jungle, synonyme de repos et de rencontres avec les hommes — et les chiens chanteurs. Ci-dessus : De nombreuses espèces animales, comme ce papillon, ne sont pas encore répertoriées. Elles vivent dans des vallées difficiles d'accès. Les tribus vivent très à l'écart les unes des autres.

Lorsque les hommes prévoient de se rendre dans un autre village, les chiens les accompagnent.
S'il faut marcher dans l'eau, ils pleurent pour qu'on les porte.

ENTRE CHIEN ET LOUP

Une heure de marche à pied pour descendre la montagne et gagner les vallées profondes, pas de route ni de sentier perçant le feuillage impénétrable. Un bras endolori à force d'avoir manié la machette, une atmosphère lourde et suffocante, la peur constante des serpents — et puis la chute : une pente escarpée descendue la tête la première dans l'enfer vert de la forêt vierge. Une entorse douloureuse des ligaments croisés, quelques égratignures, une contusion à l'épaule, mais toujours en vie — et quelques heures plus tard, en sécurité dans la hutte en écorce d'un indigène.

« J'étais allongé sur une couche en herbe tressée. Je pouvais apercevoir deux gros rats jouant aux pieds de mon compagnon de voyage endormi. Trois hommes intimidants et étrangement parés, qui se partageaient un énorme joint et crachaient de temps en temps du jus de bétel rouge et écumeux, m'observaient, se remémore l'auteur américain James Campbell. Comme je les priais d'ouvrir une des petites fenêtres, ils m'expliquèrent dans un mélange de pidgin-english et de motu, leur propre langue, qu'il n'en était pas question. Là-bas dans les montagnes vivent des sorciers et des démons qui nous lanceraient des malédictions et nous tueraient… Ce n'était que le début de notre expédition », un voyage épuisant sur les traces des chiens chanteurs.

James Campbell s'est rendu en Nouvelle-Guinée en mai 2007 afin de reproduire une marche forcée considérée comme l'une des plus cruelles de l'histoire militaire moderne. En octobre 1942, 1 200 soldats inexpérimentés, épuisés et malades de la 32e division d'infanterie américaine débarquent sur la côte de Papouasie-Nouvelle-Guinée afin de surprendre les unités japonaises stationnées au nord. Le seul chemin possible était le *Kapa Kapa Trail,* une piste longue de 180 km surnommée le « sentier des esprits », qui traverse l'île. Pour les généraux de l'état-major, cette marche fut rétrospectivement une « manœuvre géniale » ; pour les soldats, ce fut un cauchemar. « Si je possédais la Nouvelle-Guinée et l'enfer, écrivit l'un d'eux dans ses mémoires, je vivrais en enfer et je louerais la Nouvelle-Guinée ». James Campbell a rapporté par ailleurs des photos de chiens chanteurs de Nouvelle-Guinée, les chiens les plus rares du monde.

La Nouvelle-Guinée est la deuxième plus grande île du monde après le Groenland. C'est un territoire encore en grande partie inexploré. D'une superficie de 786 000 km², l'île est coupée d'est en ouest par un énorme massif montagneux de plus de 5 000 m d'altitude. Plus de 90 % de la surface sont occupés par une forêt tropicale dense. Près de 700 peuples vivent ici. La plupart parlent leur propre dialecte et pratiquent toujours les traditions et les rites millénaires de leurs tribus. Leur vie quotidienne est régie par la nature. La croyance en les sorcières, démons et mauvais esprits est toujours d'actualité. C'est un monde archaïque qui recèle beaucoup de mystères. Le chien chanteur de Nouvelle-Guinée en fait partie. Il vit dans la forêt tropicale et au lieu d'aboyer, émet des trilles aigus et un chant monotone qui rappelle le gazouillement des oiseaux.

On ne sait absolument pas estimer le nombre de chiens chanteurs, et on ne connaît pas grand-chose de leur vie. La raison en est simple : toutes les expéditions cynologiques qui ont été menées depuis la découverte de ce chien ont échoué. Certains scientifiques ne sont pas parvenus jusqu'aux hauts-plateaux ; d'autres ont réussi à se frayer un chemin à travers la jungle, mais n'ont vu aucun chien. Seule une expédition organisée par le musée ethnologique de Berlin en 1976 est parvenue à débusquer cinq spécimens.

Aussi les chiens chanteurs de Nouvelle-Guinée n'ont-ils plus aucun secret d'un point de vue zoologique. Les deux premiers sont arrivés au zoo de Sydney en 1957. Le directeur de l'époque, Sir Edward Hallstrom, pensait qu'il s'agissait d'une espèce distincte et les a donc baptisés *Canis Hallstromi.* Ils ont été mesurés, disséqués, observés en captivité, multipliés puis envoyés dans des zoos du monde entier — en qualité de dingos. Les scientifiques

Les hommes qui accompagnent les expéditions n'ont absolument pas peur des animaux : là, c'est un cochon qui se laisse caresser.

Aucun animal sauvage ne se montre aussi amical que le chien chanteur de Nouvelle-Guinée. On ne le caresse pas, mais on le tolère.

Les dents d'animaux servent de talisman et de monnaie d'échange aux hommes qui vivent reclus dans la jungle.

Le Kapa Kapa Trail n'est pas un chemin de randonnée, ni un sentier. C'est plutôt une direction : 180 km à travers la jungle.

Les arbres étendent leurs branches au-dessus de la tête des randonneurs comme autant de lances. La végétation est en constante évolution, il est parfois impossible d'apercevoir le moindre rayon de soleil. La forêt tropicale ne s'illumine que très rarement.

Les chiens chanteurs vivent en marge des villages sans que personne ne leur prête attention. Ils ne reçoivent pas de nom, n'appartiennent à aucune famille en particulier et ne sont pas nourris.

sont partagés sur la question de savoir si les dingos sont des chiens domestiques retournés à l'état sauvage voilà plusieurs milliers d'années, ou des chiens sauvages qui se laissent facilement apprivoiser. Mais c'est un fait : personne ne sait d'où ils viennent, ni qui les a introduits en Australie et en Nouvelle-Guinée. Les ossements de dingos retrouvés en Thaïlande et dans le Nord du Vietnam ont 5 500 ans, soit 1 500 ans de plus que les ossements retrouvés en Australie. On suppose donc que les animaux ont été introduits par des navigateurs asiatiques. Sans doute servaient-ils de provisions sur les bateaux.

Les chiens chanteurs de Nouvelle-Guinée sont plus petits que leurs cousins, les dingos d'Australie, et leur chant leur confère un caractère particulier. « Comme leur comportement est proche de celui du chien domestique, nous avons confié quelques spécimens à des particuliers », raconte Klaus Rudloff, administrateur du parc zoologique de Berlin-Friedrichsfelde. Une expérience qui a vite tourné court : « Les voisins ne pouvaient plus supporter leurs hurlements ». Pourtant, même si les chiens étaient restés calmes, l'expérience se serait tout de même soldée par un échec : les chiens chanteurs de Nouvelle-Guinée peuvent certes survivre au zoo ou dans une habitation, mais leur milieu naturel est la forêt tropicale. « Leur instinct de chasseur est très développé, ce sont des grimpeurs-nés et ils parviennent à se glisser sous n'importe quelle clôture », rapporte la comportementaliste américaine Janice Koler-Matznick. Il est possible de s'occuper d'un chien chanteur de Nouvelle-Guinée comme d'un chien domestique, mais au prix de nombreux efforts. « Surtout, cela va à l'encontre de leur nature, dit la biologiste. Ils ne seraient pas heureux ».

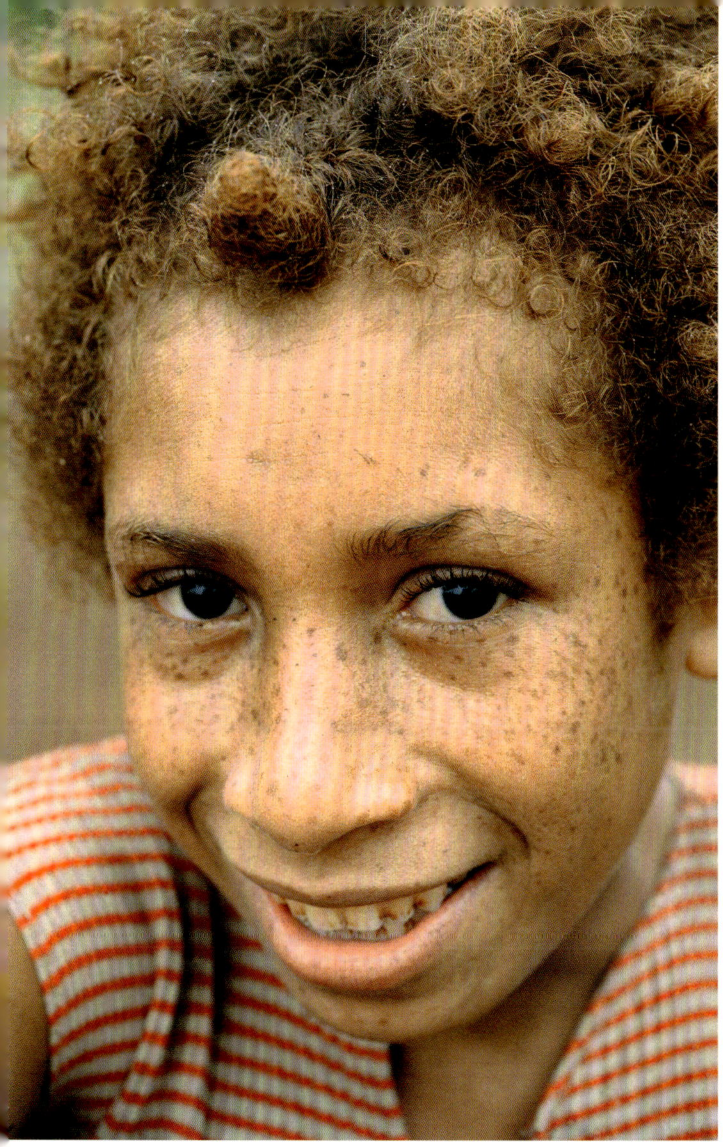

S'ils accompagnent les hommes à la chasse, ils ont droit à une part du butin. Les enfants comprennent très vite la place occupée par le chien dans leur société. Ils ne saisissent pas l'intérêt que portent les cynologues à ces animaux — pour eux, la cohabitation avec les chiens est normale.

Ce qui intéresse le plus les comportementalistes et les ethnologues, c'est la vie du chien dans son milieu naturel. L'île est restée telle qu'elle était il y a plusieurs milliers d'années. La jungle inhospitalière abrite de nombreuses tribus aux traditions millénaires. Les chiens chanteurs vivent auprès d'elles depuis toujours, mais pas avec elles. Comme lesdits « chiens parias » — ce terme est utilisé au sens de proscrit ou de marginal — les chiens chanteurs vivent en marge des villages. Ils n'y pénètrent que pour se nourrir. Les hommes ne leur donnent pas de noms, ils n'appartiennent à aucune famille en particulier, personne ne s'occupe d'eux et ils ne sont pas du tout nourris. Pour survivre, ils doivent fouiller dans les détritus du village. Sinon, ils ont également la possibilité de chasser les rats ou les souris.

Ils ont toutefois une fonction : ils lèchent le postérieur des enfants qui gambadent nus pour le nettoyer, et en tant que charognards, ils éliminent les ordures. Lorsque les hommes partent à la chasse, les chiens ne sont pas loin, et lorsqu'un animal est abattu, ils reçoivent leur part. Si les chasseurs se perdent, ils attachent les chiens et se laissent guider jusqu'au village. Les ossements des chiens sont transformés en bijoux, et leurs dents sont utilisées comme monnaie d'échange par certaines tribus. Une femme ou un jeune homme vaut environ une centaine de dents de chiens. Ce qui est étrange, c'est que malgré leur valeur manifestement importante, personne ne s'intéresse à eux. Ce sont les chiens eux-mêmes qui recherchent la compagnie des hommes. Ils leur lèchent abondamment le visage, apprécient les gestes d'affection sous toutes leurs formes, se laissent prendre dans les bras et s'y endorment même. Ils font de bons chiens de garde, mais pas de bons chiens de protection. « Cela tient au fait

qu'ils ne mordraient jamais un homme, explique Janice Koler-Matznick. Non parce qu'ils ne savent pas se défendre, mais parce que le fait d'attaquer un homme compliquerait grandement leur relation avec la tribu. Car sans les hommes, les chiens de Nouvelle-Guinée ne pourraient pas survivre. Et c'est précisément ce comportement qui est intéressant, car il pourrait permettre de répondre à une question encore en suspens concernant l'apparition du chien domestique : existe-t-il une espèce intermédiaire entre le loup et le chien ? »

Génétiquement, la différence entre le loup et le chien est minime, de l'ordre de 0,2 % au maximum. Ce qui est certain, c'est que l'ancêtre de tous les chiens était un loup. Toutefois, il manque un maillon dans la chaîne de l'évolution. « En effet, les loups ne se laissent pas domestiquer », explique le comportementaliste américain Raymond Coppinger. Ainsi, ils peuvent apprendre à ne pas craindre l'homme, mais ils ne le suivront jamais volontairement. Les loups n'obéissent pas aux hommes, n'écoutent pas les ordres et ne peuvent pas être dressés — c'est pourquoi il n'existe aucun numéro de cirque mettant en scène des loups. Les loups tenteront toujours de s'échapper, et ce même s'ils sont nés et ont grandi en captivité. Et même s'il existait un loup attaché durablement à un homme, il ne transmettrait pas ce trait de caractère à sa progéniture.

Comment est-on donc passé du loup au chien ? Si aujourd'hui on ne parvient pas à domestiquer le loup, à le lier durablement à l'homme et à l'isoler génétiquement de sa forme sauvage, comme les hommes de l'âge de pierre y sont-ils parvenus ? Ou peut-être que les hommes de l'époque n'ont jamais été accompagnés à la chasse par des loups ? La thèse de Coppinger est la suivante : il existe un « chien de transition », un animal qui a perdu les caractéristiques du loup mais a acquis d'autres capacités importantes pour la domestication. Génétiquement, c'est plausible. En 1958, à Novossibirsk, le généticien russe Dimitri Beliaev a tenté d'élever des renards argentés apprivoisés. Il a fait se reproduire les animaux qui semblaient attachés à lui, tandis que les renards sauvages ont été écartés. Au bout de 20 générations environ, il a obtenu des renards argentés naturellement apprivoisés qui ressemblaient au chien. Ils avaient des oreilles tombantes et une fourrure pie. En outre, ils aboyaient.

Les chiens chanteurs de Nouvelle-Guinée sont-ils ces chiens de transition ? C'est fort possible. Anatomiquement, ce sont des animaux sauvages, mais leur comportement est très similaire à celui des chiens domestiques. Ils sont isolés dans leur milieu, n'ont jamais été croisés avec d'autres chiens et ne sont donc pas différents de leurs ancêtres qui vivaient à l'âge de pierre. Au bout de 16 jours dans la jungle, l'expédition de James Campbell est arrivée au bout du *Kapa Kapa Trail*. Certains souffraient du palu, frissonnaient de fièvre et étaient très affaiblis. C'est dans cet état qu'ils ont atteint Buna. Mais ils ont traversé le haut-plateau de Papouasie-Nouvelle-Guinée et ont également réussi à photographier des chiens. Ce n'est désormais plus qu'une question de temps avant que des zoologues ne se mettent en route pour chercher dans ces forêts encore inexplorées il y a peu la réponse à l'une des questions les plus cruciales de la cynologie : comment est-on passé du loup au chien ?

À gauche : Un homme portant une parure de fête. Le surnaturel fait partie de la vie quotidienne. Lorsque des épidémies se déclarent, on accuse les sorciers et on invoque les dieux.
Ci-dessous : On célèbre l'abondance de la chasse et de la cueillette, ainsi que l'arrivée de l'expédition et des hommes qui posent des questions sur les chiens. « On est encore à l'âge de pierre », commente l'un des explorateurs.

L'ACROBATE DU NORD

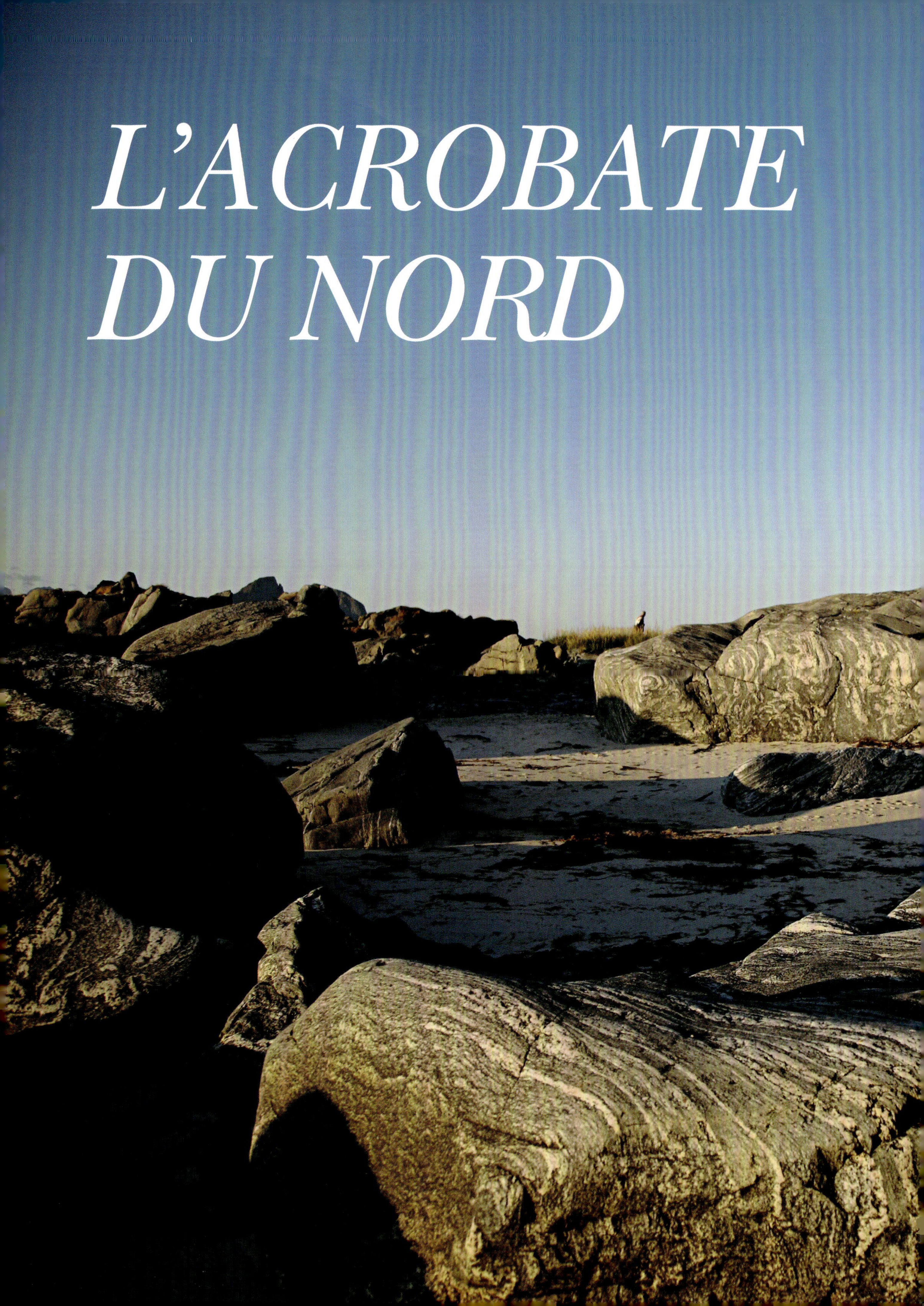

Sur les Lofoten, au large des côtes norvégiennes, aucun chien n'est aussi agile que le CHIEN NORVÉGIEN DE MACAREUX. Ce spécialiste de la chasse possède six doigts à chaque patte, peut grimper comme un chamois mais serait malheureusement en voie de disparition.

L'ACROBATE DU NORD

Værøy, une île méridionale des Lofoten, mai 1590 : il est presque minuit lorsque Ragni Holla et son fils aîné Peer se rendent au chenil pour chercher leurs 12 chiens. Son mari Geir reste aujourd'hui à la maison. Il les accompagnait encore ces deux dernières semaines, mais la chasse de nuit et le travail laissent des traces… Comme presque tous les hommes des Lofoten, Geir est pêcheur. C'est un métier dangereux et éreintant. Ici, à seulement 150 milles nautiques du cercle polaire, la mer est rude, l'eau glaciale. Ragni ne sait jamais si son mari va rentrer à la maison le soir. Mais il n'existe pas d'autre métier. Le climat est rigoureux, la terre aride. La culture de la terre est ardue, les récoltes sont maigres.

C'est pourquoi les habitants des Lofoten vivent de la pêche — et du *Lundefugl*, le macareux. Ces grands oiseaux d'une trentaine de centimètres, qui vivent principalement au large durant l'année, envahissent l'île au début du mois de mai, réunis en immenses colonies. La période de couvaison commence au début du mois de juin. Entre-temps, ils construisent leurs nids : des terriers minuscules sous couvert herbeux, reliés entre eux par des tunnels longs de plusieurs mètres et larges d'une quinzaine de centimètres, creusés tout en haut des falaises de granit escarpées qui bordent la côte. Là-bas, leurs œufs sont à l'abri des hommes, et inaccessibles pour la plupart des prédateurs. Et pourtant, des milliers de macareux sont capturés chaque année. En effet, les habitants des Lofoten ont un atout : le chien norvégien de macareux.

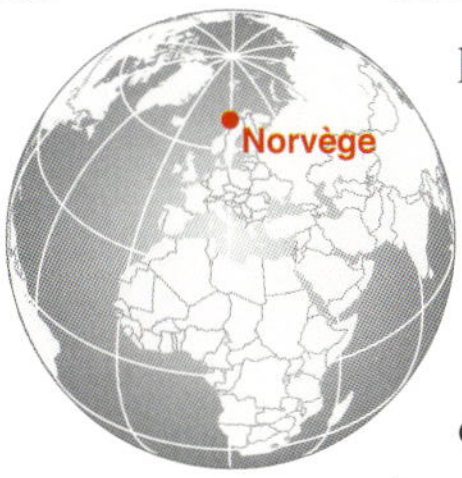

À la lueur du soleil de minuit, Ragni et Peer observent leurs chiens, pas plus gros que des renards, escalader les falaises et se faufiler dans les tunnels étroits creusés par les macareux. Lorsqu'ils en attrapent un, ils redescendent la falaise et viennent déposer leur proie blessée mais encore vivante aux pieds de Ragni et de son fils. À peine ont-ils déposé leur butin qu'ils repartent à l'assaut des falaises afin d'explorer de nouveaux terriers. Chaque chien attrape environ 80 oiseaux par nuit, les bons chasseurs en rapportent une bonne centaine. Avec une douzaine de chiens, ce sont un bon millier d'oiseaux qui sont capturés chaque

À gauche : Les chiens de macareux peuvent écarter très largement les pattes, ce qui leur permet d'escalader les falaises d'un pas sûr.
Ci-dessus : Leurs oreilles sont mues par une quinzaine de muscles.

nuit. Il faut ensuite leur briser la nuque d'une main experte, les vider et les plumer, un travail éreintant qui prend des jours. La chasse au *Lundefugl* s'apparente au travail à la chaîne.

Les macareux constituent la deuxième source de revenus des habitants des îles Lofoten. Certes, leur chair est coriace et a un goût qui rappelle celui de l'huile de poisson, mais elle constitue un changement bienvenu dans un régime alimentaire composé majoritairement de poisson. Salés dans de grands tonneaux, ces oiseaux assurent la survie de la famille en cas de mauvaise pêche et au cours des longs hivers rigoureux. En outre, leur duvet est très précieux et très recherché. Chaque chasseur possède entre 12 et 20 chiens. La famille de Ragni en possède 12. Ils ont offert l'un de leurs deux chiots à leur voisin. Car une règle prévaut sur l'île afin d'éviter les conflits : chacun doit posséder le même nombre de chiens que son voisin.

Les chiens norvégiens de macareux, également connus sous leur nom norvégien de *Lundehund*, sont des acrobates hors pair. Aucun chien n'est aussi agile ni aussi

Du sable, des falaises et un peu d'herbe : la culture de la terre est impossible sur les Lofoten. La survie d'une famille entière dépend souvent du Lundehund, qui escalade les falaises pour chasser les macareux dans leurs terriers.

À gauche : les macareux, qui portent le nom de Lunde sur les Lofoten, constituent la deuxième source de revenus des insulaires après la pêche.
En bas : avec son sixième doigt, le Lundehund peut escalader les falaises escarpées et se faufiler dans les tunnels étroits des oiseaux.
À droite : le Lundehund, qui possède une échine extrêmement souple et peut écarter très largement les pattes, est un grimpeur d'exception.

spécialisé physiquement. Personne ne sait d'où ils viennent, mais il semblerait qu'ils soient faits pour chasser dans les falaises : outre le berger d'Islande, le Lundehund est le seul chien du monde qui possède six doigts à chaque patte. Les articulations de ses épaules sont si souples que ses pattes peuvent s'écarter de 90 degrés. En outre, son échine et sa nuque sont si mobiles qu'il peut renverser la tête en arrière jusqu'à toucher son dos, et la tourner à près de 180 degrés.

Si le chien glisse sur les pierres lisses, il s'accroche, les pattes écartées entre deux rochers. Le doigt supplémentaire dont est doté l'intérieur de chacune de ses pattes agit comme un frein. S'il trouve un terrier, il y pénètre la tête la première et s'y faufile comme un serpent. Dans les passages mesurant seulement quelques centimètres de hauteur, il plaque facilement ses pattes contre son corps et s'aplatit au sol. Les muscles verticaux de ses oreilles lui permettent de les rabattre complètement vers l'arrière, protégeant ses conduits auditifs du sable, de la poussière et de l'eau.

Les anciens des îles Lofoten sont persuadés qu'un animal aussi spécialisé ne peut être le fruit du hasard, et qu'il n'a pu être créé que par les dieux. Le Lundehund a donc la cote. Un bon chien a autant de valeur qu'une vache laitière, et les enfants reçoivent leur propre chiot dès leur plus jeune âge. C'est pour eux un ami et un compagnon, mais également un bon moyen de se faire de l'argent de poche. Ils n'ont pas besoin de s'occuper de l'éducation des jeunes chiens. Les chiots suivent la meute, et ce sont les adultes qui leur enseignent ce qu'ils doivent savoir.

Pourtant, vers 1850, ces chasseurs hors pair se retrouvent au chômage technique. Ils sont remplacés par des filets. En 1899, la loi norvégienne interdit même de chasser avec des chiens. Pour garantir le respect de la loi, les pro-

priétaires de chiens sont lourdement taxés. Conséquence : la plupart des chiens sont abandonnés, vagabondent et prolifèrent au point de devoir être capturés puis éliminés.
L'époque du Lundehund semble révolue. On en voit et on en parle de moins en moins, puis on finit par l'oublier complètement. Jusqu'au jour où un cynophile, Sigurd Skaun, tombe sur un compte rendu de voyage du XVIe siècle. Selon ce compte rendu, il existait autrefois sur les îles Værøy et Lovlunden des chiens qui escaladaient les falaises comme des chamois, et n'existaient nulle part ailleurs. Sigurd Skaun décide de s'intéresser de plus près à cette histoire. Il écrit aux bourgmestres des îles Lofoten, mais personne dans les mairies n'a jamais entendu parler de ces « chiens de macareux ». Toutefois, la demande de renseignements de Sigurd est affichée — et il se trouve finalement quelqu'un qui connaît quelqu'un. Un vieux facteur connaît non seulement ce chien, mais il en possède même des photographies. C'est ainsi qu'un journal accepte de publier un article de Sigurd : « Le Lundehund — une race oubliée de chien norvégien ».
Au départ, l'article de Sigurd Skaun ne mène à rien. Les associations d'éleveurs et les clubs canins norvégiens le traitent d'imposteur. Une « extraordinaire découverte cynologique », pensez-vous ! C'est un Buhund ordinaire, un chien de berger, que l'on voit sur ces photos. Et plutôt minable du reste. Son article n'éveillera l'intérêt que des années plus tard : en 1937, Eleanor Christie, une éleveuse de setters, tombe sur le journal contenant l'article de Skaun en rangeant son grenier. Elle ne le jette pas, mais le lit attentivement et est fascinée par ce qu'elle découvre : existerait-il vraiment une race de chiens primitifs norvégiens ? Il serait à peine croyable que l'on puisse trouver un tel animal en marge de la civilisation européenne. Eleanor Christie commence à faire des recherches, et entre en contact — au bout de presque deux ans — avec Monrad Mikalsen, de Mastad. Mikalsen est fermier et chasseur d'oiseaux, et Mastad se trouve dans le coin le plus reculé de Værøy. Il faut prendre le bateau puis marcher deux heures à pied pour lui rendre visite dans cette

contrée désertique, dans laquelle les traditions perdurent et aucun chien ne s'égare jamais. C'est pourquoi chez les Mikalsen comme dans les fermes alentour, une seule race de chien est élevée depuis des siècles : le Lundehund.

Eleanor Christie et Monrad Mikalsen sont considérés comme les sauveurs de la race. Il lui confie quatre chiots, elle démarre un élevage et entame des démarches auprès du Kennel Club. Elle écrit des lettres, présente des requêtes, présente ses portées. En 1943, le Lundehund est enfin reconnu comme une race à part entière. Mais il n'est pas encore sauvé : à plusieurs reprises, une épidémie de maladie de Carré se déclare sur Værøy et sur le continent. Tout à tour, Mikalsen et Eleanor Christie perdent tous leurs chiens et ne peuvent reprendre leur élevage que grâce aux chiens de l'autre. En 1963, on ne comptait en Norvège que dix chiens norvégiens de macareux de race pure.

Ci-dessous : Ce Lundehund, dont l'expression traduit une grande vigilance, a une tête sympathique et magnifique, avec sa robe qui varie du blanc au roux.
À droite : Les immenses falaises ne lui font pas peur. Les rivages escarpés ne l'intimident pas non plus — il sait s'accrocher.

Mais l'intérêt pour ces chiens va croissant. Un documentaire pour la télévision tourné sur Værøy, qui met en scène — avec l'autorisation exceptionnelle des autorités — un Lundehund de deux ans à l'œuvre sur les falaises, y contribue largement. Soudain, tous les cynologues du monde s'intéressent au « plus vieux chien de Norvège. »

Aujourd'hui, selon les estimations du Norsk Lundehund Klubb, quelque 2 000 chiens norvégiens de macareux vivraient à travers le monde, dont une cinquantaine en Allemagne. Leurs propriétaires sont principalement des amoureux de la Norvège prêts à accepter quelques sacrifices pour leur chien. Car il est un aspect qui complique particulièrement la possession d'un Lundehund sur le continent : la nourriture. En effet, les chiens de macareux se nourrissent depuis des siècles de poissons et d'oiseaux. Conséquence : la plupart d'entre eux n'assimilent pas les graisses des mammifères et finissent par mourir du « syndrome du Lundehund », une maladie due à un défaut génétique. Cet aspect pris en compte, le Lundehund est un chien de compagnie agréable et joueur. « Ils se montrent très expansifs lorsque des étrangers s'approchent de la maison », raconte Ronja Hamann, une éleveuse allemande établie à Felm bei Kiel. Leur instinct de chasse est toutefois limité. « Ils courent derrière les oiseaux, mais tout ce qui est plus gros qu'eux ne les intéresse guère ». Bref, au quotidien, rien dans leur comportement ne laisse paraître qu'ils sont les chasseurs les plus spécialisés du monde canin. Ainsi, aussi mystérieuses que soient leurs origines et leur anatomie si adaptée à la chasse sur les falaises, aussi inexplicable est leur comportement, même pour les spécialistes. Car comme l'explique un éleveur norvégien, même les chiens qui n'ont jamais mis les pieds au bord de la mer ni vu un macareux de leur vie « grimpent si naturellement sur les rochers lorsqu'ils viennent dans leur pays d'origine qu'on dirait qu'une puissance supérieure les a créés spécialement pour cela. »

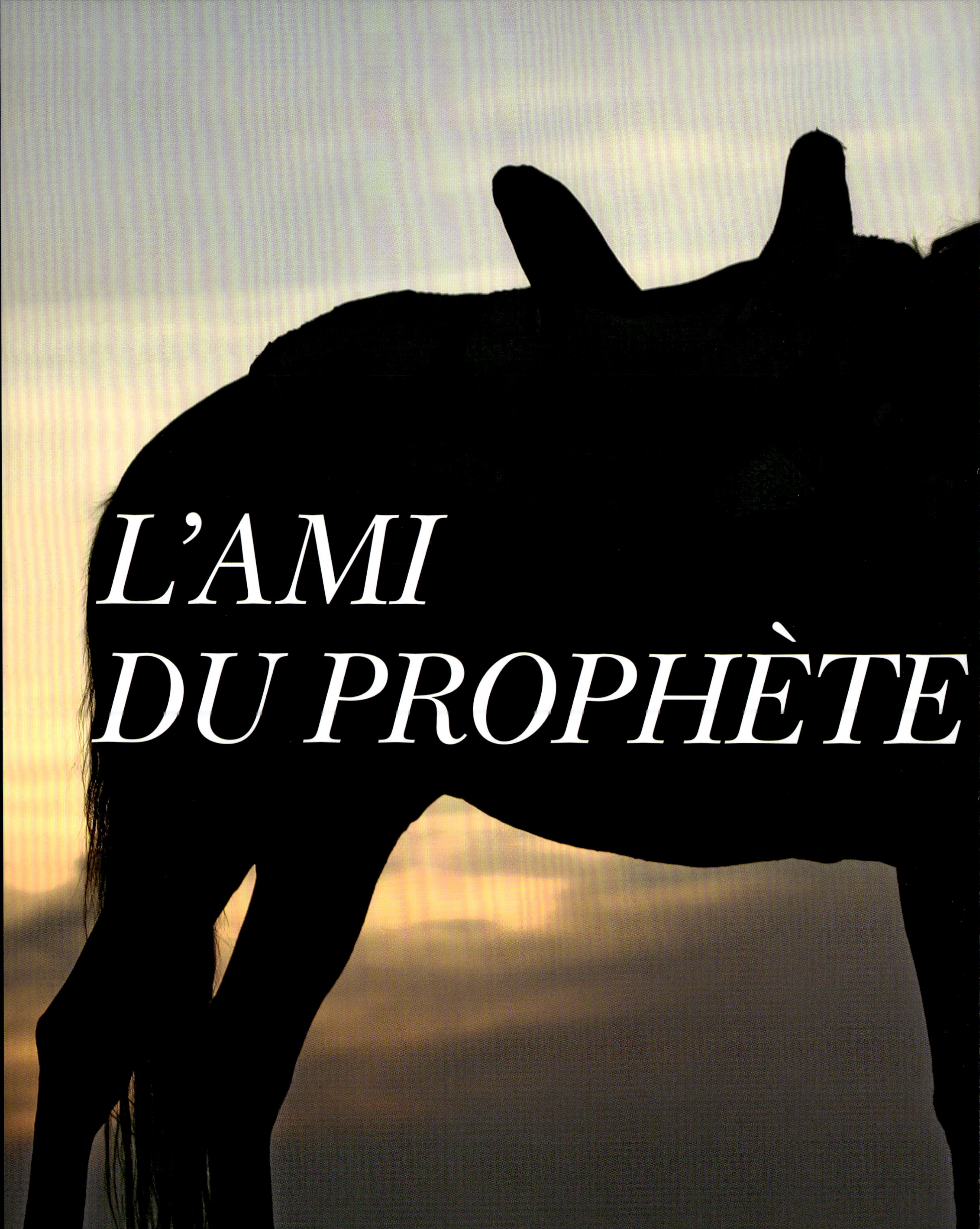

L'AMI DU PROPHÈTE

Un pur-sang, un bon faucon et un SLOUGHI rapide sont les biens les plus précieux d'un bédouin. Car les lévriers arabes sont bien plus que de simples compagnons de chasse. « Un Sloughi, disent les Marocains, est un don d'Allah ! »

« Il file comme une flèche. Un éclair, qui se saisit du gibier tel un aigle, puis attend calmement son maître pour que celui-ci l'achève, comme le prophète l'ordonne ». Lorsque le poète arabe Abu Nuwas (757-815) décrit cette courte scène de chasse avec des lévriers à l'époque du Moyen-Âge, il est l'hôte d'une tribu de Bédouins. L'hospitalité était sacrée pour les nomades. Quiconque se présentait à l'entrée d'une tente de Bédouin recevait le gîte pour au moins trois jours. Les hôtes étaient honorés : ils mangeaient avec les chefs de tribu, bénéficiaient de leur protection et de leur bienveillance. Les Bédouins se sentaient responsables de leurs hôtes tant qu'ils n'étaient pas en sécurité dans la tente suivante, quelle que soit la distance. Le poète fut donc bien reçu. Et pourtant, quelqu'un d'autre bénéficiait des faveurs des Bédouins : le lévrier qu'il décrit dans son poème. « Il dort dans la tente aux côtés de son maître, a sa propre couverture pour se réchauffer la nuit, et il est paré de colliers et de talismans », écrit le général français et explorateur de l'Afrique Eugène Daumas à propos du lévrier arabe au milieu du XIXe siècle. « Il se nourrit des mets les plus exquis, et lorsque la situation l'exige, les chiots sont allaités par une femme. Lorsque l'un d'eux s'éteint, les femmes et les enfants pleurent comme s'ils avaient perdu un membre de leur famille. »

La richesse d'un Bédouin ne tenait qu'à trois choses : un bon faucon, un pur-sang et un chien rapide. Le chien assis devant eux sur la selle, le faucon sur le poing, les hommes chevauchaient dans le désert. Avec des trilles aigus, ils envoyaient les oiseaux dans les airs, d'où ces derniers repéraient les proies en décrivant de grands cercles dans le ciel : gazelles, lièvres, ânes sauvages, fennecs… Une fois leur victime repérée, les faucons fondaient sur elle à toute vitesse — ce qui indiquait au cavalier qu'il était temps de lâcher le chien. Ce dernier s'élançait dans le sable à une vitesse pouvant atteindre 55 km/h, tandis que le faucon essayait de ralentir la proie en l'attaquant à la tête. En l'absence de faucon, le chien chassait seul, si nécessaire pendant des heures. Car aucun animal du désert n'était plus rapide ni plus endurant que le Sloughi, ce chien à poil ras des Bédouins d'Afrique du Nord, qui mesure quelque 70 cm de hauteur.

Pages précédentes : On retrouve la trace des Sloughis (mot arabe signifiant « lévrier ») jusque dans l'Égypte ancienne. Les plus anciennes momies de Sloughis découvertes jusqu'à présent ont été trouvées dans le tombeau du pharaon Aménophis II (1428-1397 av. J.-C.) À gauche : Les Sloughis sont la grâce incarnée : une tête fine, un long cou, une poitrine bien développée en profondeur, et de longues pattes puissantes, voilà ce qui caractérise un véritable Sloughi. À droite : Un Sloughi ne détonne pas dans une luxueuse propriété.

Pages précédentes : Cette pose majestueuse avec une vue panoramique sur le paysage et la mer traduit bien le rang accordé au Sloughi par les Bédouins d'Afrique du Nord. Il est considéré comme *el hor*, pur et noble. En revanche, tous les autres chiens sont impurs. Ci-dessus : La tête étroite, caractéristique du lévrier, et les yeux en amande, soulignés par des poils sombres, sont l'une des nombreuses raisons pour lesquelles les éleveurs et les cynophiles apprécient tant le Sloughi. À droite : Le Sloughi sait se montrer élégant même lorsqu'il reçoit des caresses, tête tendue et yeux fermés.

Les chiens n'ont pas la vie facile dans les pays islamiques. La plupart sont des *chins*, des « cabots impurs ». Si un fidèle touche un chien, il doit se laver les mains. Les Sloughis en revanche son *el hor,* « purs » ou « nobles ». « Le lévrier est un don d'Allah ! », comme disent les Bédouins. Le posséder est une richesse, le caresser un honneur. Plusieurs raisons expliquent pourquoi le Sloughi est tenu en si haute estime. Tout d'abord, le désert est un milieu hostile pour l'homme. La journée, le soleil ardent fait monter la température jusqu'à 60 °C, et la nuit, il n'est pas rare que le thermomètre tombe en dessous de zéro. Il y a certes du gibier, mais la chasse est difficile. Il n'est pas possible de poser des pièges, ni de s'approcher à portée de fusil d'une proie tout en restant discret. C'est pourquoi les Sloughis étaient souvent le seul espoir pour les Bédouins de manger de la viande — et ils leur en étaient reconnaissants. La deuxième raison se nomme Kitmir : il s'agit d'un chien évoqué dans le Coran, qui aurait veillé pendant 309 ans sur une caverne où sept martyrs s'étaient retirés, près d'Éphèse. Le prophète lui aurait donc accordé une place au paradis. Ces « sept Dormants » sont considérés comme les témoins de la résurrection. Aujourd'hui encore, ils sont évoqués lors de chaque prière du vendredi. « Et comme les ossements datant de cette époque ont montré qu'il n'existait aucune autre race de chien dans la région, on en a déduit

Une chienne avec ses petits. Si nécessaire, les chiots auront été auparavant allaités par une femme.

Les deux trésors qui font la fierté d'un Bédouin : son cheval et ses chiens.

Les Bédouins considèrent les Sloughis comme un don d'Allah. Ils honorent leurs hôtes et les enfants en leur offrant un chiot. Les petits lévriers ont une tête plus ramassée et n'ont pas encore l'élégance des adultes.

que le Sloughi était le chien de Mahomet », raconte l'éleveur allemand Eckhard Schritt. Depuis plus de 30 ans, il élève des « héritiers de Kitmir » et partage aujourd'hui sa vie avec 14 d'entre eux dans les environs de Francfort. « Lorsque j'ai vu un Sloughi pour la première fois, j'ai été fasciné par son élégance et sa distinction », raconte-t-il. Mais ce n'est qu'après une visite au Maroc qu'il a pris conscience du statut de ce chien en Afrique du Nord. « Nous savions que le Sloughi était un chien particulier, mais nous n'étions pas préparés à ce que nous avons vécu ». Une invitation dans le palais d'une princesse, une hospitalité extrême partout où ils passaient, des regards émerveillés et des questions posées avec beaucoup d'intérêt : « Nous traversions un village avec les chiens tenus en laisse, lorsque soudain, un vieil homme a surgi d'une maison, est tombé à genoux et, les larmes aux yeux, a remercié Allah de lui avoir permis de voir encore une fois dans sa vie un chien comme Kitmir ».

Le Sloughi est le chien des Bédouins. Ces derniers se considèrent eux-mêmes comme les « vrais » Arabes et se nomment *Mzeina*. L'appartenance à une tribu, la liberté et la religion sont importantes. L'argent et la propriété personnelle le sont moins. Car *Allahu akbar*, « Dieu est grand », plus grand que tout ce qui est créé par l'homme. C'est pourquoi ceux qui veulent acquérir un chien de Mahomet doivent chercher longtemps, surtout en Afrique du Nord. « Les Sloughis ne sont pas une marchandise », explique Eckhard Schritt. Il parle d'expérience : « Il y a plusieurs années, j'ai aperçu dans une oasis une magnifique chienne, que j'ai voulu acquérir ». Mais son propriétaire a refusé. Eckhard a augmenté son offre, a marchandé, mais rien à faire. « À la fin, la somme que nous proposions se montait à 5 000 euros. C'est une somme avec laquelle les habitants de l'oasis, de condition modeste, auraient pu vivre pendant des années », poursuit l'éleveur. Il n'a pas obtenu la chienne. « On m'a plutôt suggéré de revenir dans deux ans. À ce moment-là, la chienne aurait des chiots et on m'en offrirait un ».

Personne ne sait exactement à quand remonte l'apparition de cette race. Certaines histoires remontent à plusieurs millénaires, à l'époque des pharaons. Pourtant, les temps ont changé et par conséquent, l'environnement et la vie des chiens aussi. La plupart des Bédouins s'est sédentarisée, et achètent désormais leur viande au supermarché. La chasse dans le désert est interdite depuis plusieurs années. Certes, elle est de nouveau autorisée depuis peu dans certaines régions, mais seuls quelques privilégiés la pratiquent pour se distraire. Même le mot Sloughi commence à perdre sa signification de « chien du prophète ». « Plus haut, plus vite, plus loin », c'est aujourd'hui la devise de nombreux chasseurs : pour améliorer la rapidité de leurs chiens, ils croisent les Sloughis avec des galgos espagnols et détruisent ainsi une lignée millénaire. Selon l'estimation d'une association d'éleveurs, il n'existe aujourd'hui au Maroc qu'environ 500 Sloughis de race pure, dont trois appartiennent au roi.

Le contact étroit avec l'homme a permis à ces chiens rapides d'acquérir le don de « lire dans les pensées ». « Lorsqu'on est en leur compagnie, on a rapidement le sentiment que ces animaux perçoivent les mauvaises intentions », précise l'éleveur allemand Eckhard Schritt. Aujourd'hui, quelque 600 Sloughis vivent en Allemagne. Outre leur caractère distingué et réservé, les propriétaires apprécient leurs qualités de chiens de compagnie. Car en matière de rigueur et d'endurance — mais également de caresses, de câlins et de jeux, le Sloughi bat une fois de plus tous les autres.

Les musulmans considèrent le lévrier comme un « bien précieux » et « pur ». Pour un fidèle, seul ce chien mérite d'être soigné — et aimé.

FRONT

AU SECOURS DES MANCHOTS

LES BERGERS DE MAREMME protègent les troupeaux de vaches dans les montagnes d'Italie. Toutefois, depuis que les manchots des côtes du Sud de l'Australie sont menacés par les renards, ces chiens puissants à la fourrure blanche défendent également leurs colonies, sans que l'homme n'ait à intervenir — et avec beaucoup d'efficacité.

AU SECOURS DES MANCHOTS

L'air est salé. Une douce brise ride la surface de l'Océan Pacifique. Nous sommes au Sud de l'Australie. Gina jette un coup d'œil en direction des dunes, puis la jeune chienne s'ébroue avant de repartir en courant. Sous ses pattes, le sable crisse comme de la neige, et après un bond puissant, elle atterrit de nouveau dans l'eau peu profonde. Folle de joie, elle aboie après le ressac puis repart à toute allure. « Gina, Jessie ! Stop ! Over here ! ». Le ton employé par David Williams pour rappeler ses chiens est clairement impérieux, mais il secoue la tête en souriant et observe les deux grosses boules de poils faire encore quelques allers-retours entre les vagues et les dunes. On ne peut pas dire que les deux jeunes bergers de Maremme soient extrêmement obéissants. Mais c'est aussi bien comme ça. « Ce qui est important, c'est de renforcer leur caractère, marqué par leur indépendance et leur autonomie », explique cet Australien costaud, avant d'ajouter en riant : « Du point de vue de l'obéissance, cette race se classe au mieux à la dixième place ! »

Gina et Jessie sont des chiens de berger ordinaires qui exercent une fonction inhabituelle : ils veillent sur des manchots, et plus particulièrement sur les manchots pygmées de Middle Island, les plus petits manchots du monde. « Pour accomplir cette tâche, les bergers de Maremme doivent surtout se fier à leur instinct, et moins à l'homme. En effet, nous ne sommes pas toujours présents lorsque la colonie de manchots est en danger » déclare Williams. Ce gestionnaire de l'environnement et éducateur canin connaît parfaitement cette race originaire d'Italie. Depuis un peu plus de quatre ans, sa chienne Esta et lui sont inséparables, et Gina et Jessie lui ont été confiés alors qu'ils n'étaient encore que des chiots. Son rôle est de faire de ces chiens de berger du Sud de l'Europe des protecteurs pacifiques des manchots. Si les chiens apprennent facilement, il n'est pas évident de les éduquer, et cet Australien de 34 ans s'y consacre corps et âme. Il vivait avec des chiens lorsqu'il était enfant, et dévorait tout ce qu'il pouvait lire sur eux. Il aime l'océan depuis qu'il a parcouru le monde en tant que moniteur de plongée. David Williams a trouvé le métier parfait, qui lui permet d'associer la protection de l'environnement et les chiens. Avec cette mission, il évolue en terrain inconnu : « Des projets pilotes comme celui-là se déroulent rarement sans accrocs, précise-t-il. Mais notre succès nous encourage. » La plupart du temps, les manchots sont menacés lorsque l'homme devient trop envahissant. Toutefois, de Middle Island à la pointe Sud-Est de l'Australie, la disparition des manchots est plutôt due à un autre phénomène : les renards savent nager.

Cette île inhabitée est rattachée à la ville côtière de Warrnambool, dans l'État du Victoria. La côte déchiquetée de l'île brille d'une lueur ocre sous le soleil du matin, à seulement 150 mètres du continent. C'est suffisamment proche pour les renards affamés. Le plateau de l'île est recouvert de broussailles basses et d'herbes claires, et les sentiers battus sont à peine visibles depuis la côte. À marée basse, on peut gagner Middle Island en pataugeant dans l'eau, qui n'arrive qu'à hauteur des hanches, et à marée haute, on ne peut atteindre l'île qu'à la nage. « Ou en se faisant porter, comme Gina et Jessie lorsqu'ils n'étaient encore que des chiots », dit David Williams. Il attache les deux chiens âgés de 7 mois à une laisse et entre dans l'eau en direction de l'île. « Avec trente kilos chacun, ils sont vraiment trop lourds pour moi maintenant. Ils ont dû apprendre à nager. » Exactement comme Esta, la chienne de la même race qui aide David Williams à éduquer les jeunes chiens. « Esta ne supportait pas la mer », raconte l'éducateur canin. Rien d'étonnant pour une race originaire d'une région montagneuse d'Italie. « Maintenant ils adorent tous les trois l'eau ».

Une fois sur le rivage, Williams ouvre un portail destiné à tenir les curieux à l'écart, et détache les chiens. Ils partent aussitôt en courant, aboyant à qui mieux mieux, et commencent à marquer leur territoire. Ils sautent avec aisance par-dessus les nids de manchots. Çà et là, ils hument la brise du Pacifique, suivent une piste qu'ils sont manifestement les seuls à sentir, et font comprendre qu'à part eux, aucun autre quadrupède n'est passé par ici.

Le manchot pygmée d'Australie est menacé par les renards, comme on s'en est rendu compte récemment. Des colonies entières sont décimées.

Ci-dessus : Même loin de son pays d'origine, l'Italie, le berger de Maremme et Abruzzes met à profit l'une de ses qualités : son indépendance.

Pas empoté pour un sou. Sur Middle Island, les bergers de Maremme sautent avec aisance par-dessus le varech et les nids. Depuis que Gina et Jessie considèrent l'île comme leur territoire, la population de manchots a recommencé à s'accroître.

C'est exactement ce que David Williams attend d'eux. Jusqu'en 2000, plusieurs centaines de manchots pygmées, au plumage bleuté, vivaient encore sur l'île. Ces oiseaux pondent dans des trous qu'ils creusent dans la terre, sous les broussailles épaisses. À l'aube, les parents, qui mesurent à peine 40 cm, quittent le nid, se dandinent sur les falaises en direction du rivage et plongent dans le Pacifique pour attraper du poisson. Au crépuscule, ils reviennent nourrir leurs petits. Les allées et venues constantes de ces drôles de petits oiseaux marins ont fait de l'île l'attraction du coin. « Coastcare », un groupe de bénévoles qui s'est donné pour mission de protéger la côte, fait en sorte que les manchots puissent couver en paix. Ils ont fabriqué des boîtes en bois dans lesquelles les animaux peuvent se retirer pour muer. Une passerelle a été construite afin que les visiteurs dérangent le moins possible les oiseaux et leurs nids. Et pourtant, la colonie déclinait de jour en jour. D'aucuns étaient convaincus que ce n'étaient pas les hommes les responsables, mais les renards. « Un matin, raconte Amanda Peucker en sortant des instruments de mesure et une feuille de note d'un sac étanche, on a retrouvé une cinquantaine d'oiseaux morts dans une petite crique. Ils avaient été égorgés. Le sang avait giclé partout. » La jeune femme est inscrite à l'université Deakin de Warrnambool, où elle écrit une thèse de doctorat sur les manchots. Elle suit donc les événements qui se produisent sur l'île depuis plusieurs années. Tout autour, la scientifique a retrouvé les traces de plusieurs jeunes renards, et de deux ou trois adultes. « Ils ont dû apprendre à leurs petits à tuer les manchots », suppose-t-elle.

Les renards ont été introduits à la fin du XIXe siècle par les colons, qui s'amusaient à les chasser — un désastre pour de nombreux marsupiaux, oiseaux et reptiles australiens. Ces prédateurs omnivores n'avaient aucun ennemi sur le continent, et s'en donnaient donc à cœur joie, s'attaquant plus particulièrement aux manchots, des oiseaux inaptes au vol établis sur les côtes du sud du pays. Il y a cinq ans, il ne restait plus que cinq *little penguins* sur Middle Island. Les groupes écologistes, les associations de protection de l'environnement et les autorités municipales ne savaient plus quoi faire. Toute la ville ne parlait plus que de l'extinction de la colonie. « Lors d'un déjeuner, alors que nous évoquions le problème des manchots, Swampy a eu une idée géniale », raconte David Williams, qui travaillait dans l'élevage de poules de Swampy pour financer ses études en gestion de l'environnement. « Ce qu'il nous faut sur l'île, avait alors grommelé son patron, ce sont des bergers de Maremme ».

Swampy avait vu juste. Swampy s'appelle en réalité Alan Marsh, mais en Australie, tout le monde porte un surnom. Marsh est synonyme de *swamp* en anglais, ce qui signifie « marais ». Alan Marsh est donc devenu *Swampy.* Ce nom orne également les boites d'œufs de son exploitation, le plus grand élevage biologique de poules du Victoria. Les 15 000 poulets de Swampy — qui ne sont plus que 5 000 en période de sécheresse — ne vivent pas dans un appentis situé au fond d'une arrière-cour, mais en totale liberté : ils grattent le sol d'un pâturage idyllique et vallonné situé au nord de la célèbre *Great Ocean Road* australienne, caquetant à qui mieux mieux et pondant des œufs que s'arrachent les restaurants gastronomiques de Melbourne. « Sans les bergers de Maremme, affirme l'éleveur, on ne trouverait pas d'œufs de poules élevées en plein air en Australie. Ou alors des œufs que personne n'aurait les moyens d'acheter. Car clôturer de si grands terrains pour les protéger contre les renards coûterait une petite fortune. » C'est pourquoi depuis plus de dix ans, Alan Marsh confie la garde de son paradis de 60 hectares à Shilo et Oddball, ou à leurs frères et sœurs plus âgés. La nuit, deux ou trois chiens parcourent inlassablement les pâturages, marquent leur territoire, aboient bruyamment dès qu'un renard s'approche ou le mordent. « Ils sont déjà très bons, minimise Swampy en souriant. Deux bergers de Maremme peuvent protéger sans problème 25 000 poules ». Et quelquefois, précise-t-il

En haut à gauche : Les membres des associations de défense des animaux et les autorités ont longtemps débattu de l'opportunité d'utiliser des bergers de Maremme et Abruzzes pour protéger les manchots de Middle Island. Depuis, l'initiative s'est avérée payante : plus de 26 jeunes oiseaux ont déjà quitté le nid.
En bas à gauche : David Williams conduit les trois bergers de Maremme sur Middle Island. Ils ne doivent compter que sur eux-mêmes pour surveiller sur l'île.

avec une fierté non dissimulée, ils ont tenu non seulement les renards à distance, mais également un aigle d'Australie qui tournoyait dans le ciel. Ils effectuent tout cela sans surveillance ni instructions. En effet, pendant que ses chiens travaillent, l'éleveur se détend sur son canapé, à une bonne trentaine de minutes de voiture de là. « Le fait que nous donnions aujourd'hui une chance aux bergers de Maremme est un petit miracle », affirme Ian Fitzgibbon, de l'office pour la protection l'environnement de Warrnambool. Il coordonne le projet d'un point de vue administratif, et a une bonne expérience de la bureaucratie et des conflits de compétence. « Bien évidemment, chacun a quelque chose à dire sur le sujet ». Les associations environnementales nationales et locales s'en sont mêlées, les ornithologues, les biologistes marins et les protecteurs des animaux et du littoral voulaient tous être entendus. Enfin, ces chiens de berger épris de liberté ne passaient pas particulièrement pour des amis des manchots.

« J'ai habitué Gina et Jessie aux manchots dès leur plus jeune âge », raconte David Williams. Quelque temps auparavant, deux bergers de Maremme plus âgés avaient surveillé l'île pendant un moment. Un jour, il y eut toutefois un incident : en jouant, un chien a mal interprété le comportement de quelques jeunes manchots et les a mordus au lieu de les protéger. Le projet a été interrompu et remis à plat avant d'être repris. « Tout simplement parce qu'il est efficace, même s'il y a des incidents de temps en temps », affirme Amanda Peucker, qui se rend toutes les deux semaines sur l'île pour étudier ses protégés. Elle plonge ses mains recouvertes par des gants épais dans les nids. Elle pèse et mesure les jeunes manchots, qui jabotent tant qu'ils peuvent, et se réjouit à l'idée du nombre d'oiseaux qu'elle va pouvoir recenser sur ses listes cet été. Amanda Peucker marque la plupart d'entre eux avec une puce électronique, qui lui permet d'identifier ceux qui reviennent. Puis la scientifique prélève un peu de duvet dans les boîtes à mue. Pendant la mue, les oiseaux restent sur le rivage. Ce n'est que lorsque la couche isolante de leur plumage est de nouveau complète qu'ils retournent dans l'océan, après deux semaines passées sans manger. « Depuis le début de l'expérience, les oiseaux sont de plus en plus nombreux à revenir », se réjouit la doctorante. L'été précédent, elle a recensé plus de 80 manchots adultes, et plus de 26 jeunes ont quitté le nid. « Plus aucun manchot n'a été tué sur Middle Island, ce qui n'est pas le cas à Sydney, où une colonie entière a été décimée l'été dernier. Ici, on ne trouve plus aucune trace des renards ».

Gina et Jessie suivent Esta dans une crique retirée. La chienne de Williams remplit parfaitement son rôle de gardienne, mais c'est également une excellente éducatrice. « Contrairement aux deux jeunes, Esta écoute les

Place à la relève ! Grâce à l'intervention des bergers de Maremme et Abruzzes, la population des colonies de manchots augmente de nouveau sur l'île australienne de Middle Island — une symbiose inédite.

ordres, dit fièrement Williams. Gina et Jessie la suivent et apprennent ainsi tout ce qu'un chien de garde doit savoir ». Mais c'est auprès de lui qu'ils apprennent le plus. Chaque jour, l'éducateur profite de la marée basse pour les conduire sur l'île afin de les habituer aux manchots. Ils marquent leur territoire, courent de-ci de-là et aiguisent leur sens en se mettant à l'affût du moindre bruit ou mouvement entre les rochers et l'océan. Ils rentrent avant la marée haute. Parfois, Williams apporte un sac de couchage et passe la nuit avec eux sur l'île. Il les observe au travail et les habitue à rester plus longtemps. D'abord plusieurs jours, puis plus tard, plusieurs semaines. Bien entendu, quelqu'un veillera sur eux. « Mais les bergers de Maremme ne s'ennuient pas. Ils sont trop intelligents et indépendants pour cela. Et ils mangent raisonnablement. » Williams tapote Gina sur le dos. Avec leur fourrure épaisse, les chiens ont l'air vigoureux. Mais lorsqu'on les caresse, on s'aperçoit qu'ils sont plutôt sveltes. « Les bergers de Maremme arrêtent de manger dès qu'ils sont rassasiés ». On peut les laisser seuls quatre ou cinq jours avec de la nourriture. « Notre objectif est de confier à plein-temps la protection des manchots de Middle Island à Gina et Jessie, explique Williams. Ils doivent avoir leur propre territoire et le défendre de manière autonome. »

UN CHIEN AU PARADIS

Dans le golf de Siam vit un chien unique au monde, dont le nom se rapporte à ses origines : le CHIEN DE PHÚ QUÔC. Personne ne sait d'où il vient, mais aujourd'hui, les Vietnamiens aimeraient en faire l'ambassadeur de leur pays.

Pages précédentes : Les chiens de Phú Quôc sont libres, ils n'appartiennent à personne et vont où bon leur semble. Selon une légende vietnamienne, ce sont les fruits de l'amour entre un dragon et une licorne.

Ci-dessus : Les chiens de Phú Quôc ne sont pas solitaires. Ils trouvent partout de la nourriture et des camarades de jeu, et la plupart des gens les apprécient. Il y a une raison à cela : ces chiens sont uniques au monde. *Only here in Phú Quôc !*, comme disent les insulaires.

Le chien sans nom vit au paradis. Ce paradis mesure 53 km de long sur un maximum de 25 km de large, et est cerné par la mer. Les côtes sont bordées de plages d'un blanc immaculé, et les forêts tropicales situées à l'intérieur des terres sont des territoires sauvages pratiquement inexplorés. Ce chien ne connaît pas l'inquiétude. Personne ne le chasse, personne ne l'attache. Lorsqu'il veut partir, il part, lorsqu'il n'a pas envie de somnoler sur la plage, il patauge dans l'eau chaude et turquoise de la mer, et peut même attraper quelques poissons. Ou alors, il se résout à aller dans la jungle et chasse quelques petits mammifères. Lorsque la faim le tenaille, il se rend dans l'un des petits villages de l'île. La quasi-totalité de la population, composée majoritairement de pêcheurs et de riziculteurs, l'apprécie : *Only heure in Phú Quôc !* déclarent fièrement les insulaires lorsqu'on leur pose des questions sur les chiens. Et généralement, ils enfoncent bien le clou : *Only here !* car ce chien, c'est du moins ce qu'on leur a dit, est unique au monde. Il n'existe qu'ici, à Phú Quôc, un paradis tropical situé dans le golfe de Siam, au large du Vietnam.

Ci-dessus : Le chien de Phú Quôc est l'une des trois seules races du monde à posséder une crête dorsale. À droite : Les chiens ont-ils été introduits sur Phú Quôc par des navigateurs en provenance d'Afrique ? C'est la théorie la plus répandue.

Tout du moins était-ce le cas auparavant. Jusqu'à ce que les politiciens et les hommes d'affaires de Hô-Chi-Minh-Ville, le premier centre financier du Vietnam, se rendent compte qu'un chien vivait sur Phú Quôc à l'insu du monde extérieur. Aussi existe-t-il aujourd'hui sur le continent, à une trentaine de milles de là, des élevages de chiens de Phú Quôc. En effet, ce chien, qui paraît si insignifiant au premier abord, est une rareté cynologique. Il est unique au monde — si les autorités officielles ont raison — et serait donc susceptible de devenir l'un des emblèmes dont le pays a tant besoin. Car le Vietnam, ou plus exactement la République socialiste du Vietnam selon son nom officiel, bordé par la Chine, le Laos et le Cambodge, cherche à attirer l'attention de l'Occident. Ce pays agricole aimerait devenir un pays industriel d'ici à 2020. « Le Vietnam connaît une forte croissance économique, les niveaux de salaire sont bas, il bénéficie d'une stabilité politique et d'une population jeune et désireuse d'apprendre », vante le directeur du Viet Trade Center de Francfort, Nguyen Trong Luat. Mais franchement, les guerres mises à part, que sait l'Occident moderne du Vietnam ?

Aujourd'hui, le pays est surtout connu des baroudeurs, et pour sa sauce au poisson. Le nuoc-mâm est une composante incontournable de la cuisine asiatique, et s'exporte dans le monde entier. Les sauces les plus chères et réputées les meilleures sont fabriquées sur Phú Quôc. Leur principal ingrédient est le Ca Com, un poisson particulièrement riche en protéines de la taille d'une sardine, qui leur donne leur odeur si particulière. Mais la plupart du temps, on se fait avoir sur la marchandise. Une grande partie des sauces exportées

Un chien de Phú Quôc noir. Les chiens de cette couleur sont vendus plus cher.

Hu nh Phuoc Hue possédait 120 chiens. Ils les a tous perdus lorsque l'un d'eux a contracté la maladie de Carré.

Les chiens de Phú Quôc vivent comme des parias. Seule une petite minorité reçoit un nom, et ils ne sont nourris que si quelqu'un prend pitié d'eux.

Les chiens sont doués pour attraper les rats et les souris. Ils mangent également des lézards, des œufs et des jeunes oiseaux.

sous l'appellation de l'île que l'on retrouve sur les étagères des épiceries occidentales provient du continent et est frelatée.

En revanche, impossible de faire passer n'importe quel chien pour un chien de Phú Quôc. Ils possèdent en effet un signe distinctif — et c'est d'ailleurs ce qui les rend si particuliers : une bande de poils implantés dans le sens inverse du reste du pelage, qui court tout le long de l'échine et qui porte le nom de *ridge* (crête) en anglais. D'un point de vue biologique, cette crête est une simple anomalie du pelage à transmission dominante. Mais d'un point de vue cynologique, elle est intéressante, car elle répond en partie à la question de savoir comment les chiens se sont répandus à travers les continents. Car outre le chien de Phú Quôc, seuls le chien thaïlandais à crête dorsale *(Thai Ridgeback)*, à la stature imposante, et le chien de Rhodésie à crête dorsale *(Rhodesian Ridgeback)*, le chien-lion sud-africain, apprécié sur tous les continents comme chien de compagnie, sont dotés d'une telle crête. Cette dernière race est certes âgée de moins d'un siècle, mais l'ancêtre du chien à crête d'Afrique du Sud, qui lui a transmis cette caractéristique, est le chien de garde et de troupeau des Khoïkhoï, un peuple de bergers que les Boers désignaient péjorativement sous le nom de « Hottentots » (« les bègues ») : « les chiens des Hottentots comptent parmi les représentants les plus laids de la gent canine », écrivait en 1 893 le cynologue suisse Max Siber à propos de ces chiens africains. « Leur apparence ne laisse rien paraître de leurs qualités si extraordinaires », notamment leur intelligence et leur incroyable courage, qui les poussent tenir tête aux gros félidés.

Le chien des Khoïkhoï tient-il son courage des chiens de Phú Quôc ? Ce « guerrier africain » réputé pour sa bravoure serait-il originaire d'Asie ? Voilà une théorie qui plairait aux autorités vietnamiennes. Et après tout, ce n'est pas impossible : d'une part parce que les études menées sur leurs génomes confirment leur lien de parenté, et d'autre part parce que l'on sait que les navigateurs asiatiques n'hésitaient pas à prendre des chiens à bord — pour tenir les rats en respect et pour disposer d'une réserve de nourriture.

Le meilleur moyen pour que le chien de Phú Quôc attire l'attention sur son pays serait de le présenter au World Dog Show, la plus grande exposition canine du monde, qui se tient chaque année. Mais il y a un petit problème : seules les races reconnues par la FCI, la Fédération cynologique internationale, dont le siège est en Belgique, peuvent participer. Le chien de Phú Quôc n'est pas une race reconnue et le Vietnam n'est pas encore membre de la FCI.

Le Vietnam fait actuellement tout son possible pour être admis au sein de la FCI. Il a déposé une demande d'adhésion, a créé une association cynologique sur le modèle britannique du Kennel Club, a établi un livre d'origines pour toutes les races reconnues par la FCI et a organisé à Hô-Chi-Minh-Ville en décembre de l'année passée la première exposition canine conforme au règlement de la FCI. Ce qui n'avait rien de facile dans un pays où le chien est avant tout considéré comme un met de choix.

Toutefois, il est moins évident de convaincre les cynologues de la FCI, à Thuin, que le chien de Phú Quôc est une race à part entière. En effet, la crête n'est considérée comme une caractéristique de la race que si l'ensemble des chiens la portent – et ce n'est pas toujours le cas sur l'île. Pourquoi ? Parce que les chiens de Phú Quôc se sont reproduits avec des chiens venus du continent ? Ou parce que leur crête est une anomalie certes fréquente, mais due au hasard ? Il est difficile de retracer l'histoire de la race. Le chien de Phú Quôc a dû être un chien de chasse. Mais qu'est-ce que cela signifie exactement ? Avec qui chassait-il ? Et qu'est-ce qu'il chassait ? Les animaux que les insulaires appellent des buffles ? Certainement pas ! Il serait certes courageux d'attaquer un buffle de près d'une tonne, mais ce serait également incroyablement stupide, et conduirait ce chien de 25 kg à une mort certaine. Même les chiens de Rhodésie ne s'attaquent pas aux lions. Ils ne s'enfuient pas lorsqu'ils flairent un fauve, mais hérissent instinctivement leur mince crête de poils. Pour les chasseurs en embuscade, cette réaction visible sur le dos de leur compagnon est un signal d'alerte fiable. En dépit de ces zones d'ombre, il existe un battage important autour des chiens de Phú Quôc. Il suffit de voir les prix pratiqués. À Ca Dong, un village situé à proximité de l'aéroport, quelque 500 chiens sont élevés sur une parcelle de terrain. Les affaires marchent bien : alors que les chiots étaient vendus 500 000 dong, soit 25 euros environ, il y a encore deux ans, un acheteur doit aujourd'hui débourser entre 150 et 180 euros. Les ventes rapportent encore plus sur le continent : entre 5 et 10 millions de dong, entre 220 et 440 euros. Le journal *Sai Gon Tiep Thi* a récemment rapporté qu'un chien de Phú Quôc noir s'était vendu à un prix équivalent à 2 345 euros — une somme incroyable dans un pays où le revenu mensuel d'une famille se situe aux alentours de 75 euros. Les chiens qui vivent sur l'île n'ont que faire de tout ce tapage. Et d'ailleurs, la plupart des insulaires les aiment sans pour autant vouloir gagner de leur argent sur leur dos. « Aussi loin que je me rappelle, ils ont toujours été libres sur l'île, et c'est un vrai plaisir de les avoir autour de soi », dit Hu nh Phuoc Hue. Cet insulaire de 37 ans a ouvert un musée avec sa femme. L'île et son

histoire sont toute sa vie, et les chiens en font également partie : « Une légende raconte que ce sont les enfants d'un dragon des mers tombé amoureux d'une licorne ». Toutefois, les dieux étaient jaloux de leur bonheur. Le dragon est mort et la licorne a mis les chiens au monde sur Phú Quôc. Depuis lors, ils sont considérés comme les fruits de leur amour. « C'est certes très romantique, dit Hue, mais plus sérieusement, je crois que les chiens ont été introduits par des marchands d'esclaves portugais en route pour l'Asie, qui les ont échangés contre de la nourriture et de l'eau fraîche ».

Hue et sa femme comptent parmi les plus grands admirateurs du chien de Phú Quôc. Quelque 120 chiens vivaient auparavant sur l'immense parcelle de terrain qui entoure leur musée. « Un jour, un des chiens a contracté une diarrhée hémorragique, et peu de temps après, la moitié d'entre eux étaient morts », raconte-t-il. Car il n'y a pas de vétérinaire sur Phú Quôc, et aucun des chiens n'est donc vacciné. Si l'un d'entre eux tombe malade, il contamine rapidement les autres. Depuis, Hue laisse ses chiens en liberté, afin de pouvoir isoler les animaux malades du groupe. Toutefois, la mortalité reste élevée. Son chien le plus âgé n'a que quatre ans. La maladie de Carré, la parvovirose, les serpents venimeux et les mauvaises conditions de vie ne sont pas les seuls dangers qui guettent les chiens. En effet, ils risquent également de passer à la casserole. Car dans les restaurants vietnamiens, le meilleur ami de l'homme peut rapidement figurer au menu du jour. Le *Thit cho hap* est du chien cuit à la vapeur, le *Thit cho nuong* du chien cuit à la broche. Hue ne mange pas de viande de chien, mais il ne juge pas pour autant ses compatriotes. Il mise sur la FCI : « Plus tard, lorsque le chien de Phú Quôc sera une race reconnue internationalement, les gens trouveront dommage de le manger ».

À gauche : La plupart des chiots de Phú Quôc sont nés en liberté. Ils ont de la chance si quelqu'un les prend sous son aile. À droite : Un chien de Phú Quôc a trouvé quelque chose à se mettre sous la dent dans un magasin d'alimentation, et peut déguster son butin tranquillement sur place.

laVie
laVie
laVie
AQUAFINA
Vị Ngon Của Sự Tinh Khiết
SAIGON BEER
WHITE RICE

DANSE AVEC LES OURS

Le CHIEN DE MONTAGNE DES PYRÉNÉES est un bon bougre. Toutefois, lorsqu'il s'agit de protéger son troupeau, il est capable de défier un ours. Les habitants des montagnes avaient presque oublié à quel point ce chien sympathique pouvait s'avérer utile.

Pages précédentes : L'élevage de Benoît Cockenpot compte une nouvelle portée. Sa chienne a mis au monde quatre chiots. Pour l'éleveur, quatre chiennes suffisent, « nous ne voulons pas faire de l'élevage de masse ».

Ci-dessus : Les montagnes et les forêts denses font tout le charme des Pyrénées dans lesquelles grandissent les chiens de montagne. Chez Benoît Cockenpot, ils ont retrouvé leur fonction première : la protection des chèvres.

En hiver, les sommets sont couverts de neige. Un paradis pour les randonneurs qui se promènent dans la forêt, où vivent des marmottes et où l'on peut ramasser châtaignes et champignons. Les Hautes-Pyrénées comptent parmi les plus belles régions françaises. Elles sont traversées par une rivière, le Gave de Pau, et s'étendent jusqu'aux sommets du col du Tourmalet, un col franchissable par la route situé à 2 114 m d'altitude, qui héberge des aigles royaux et des chamois.

C'est aussi le royaume du chien de montagne des Pyrénées, aux vagues airs d'ours polaire. Il a repris du service au début des années 2000 afin de protéger les troupeaux de chèvres et de moutons contre les ours bruns. Comme il est d'un blanc éclatant, aussi grand qu'un poney et qu'il inspire le respect, les ours détalent à sa vue, car ils n'ont aucun goût pour la confrontation. Toutefois, il y a 40 ans, une agricultrice a été témoin d'un combat entre un chien de montagne des Pyrénées et un ours. Le chien est rentré plus tard que d'habitude à la maison et était blessé, raconte la dame âgée aujourd'hui de 80 ans, qui tient un petit bistrot dans la montagne.

« Aujourd'hui toutefois, ce ne sont plus les ours qui inspirent de la crainte aux éleveurs, ce sont surtout les chiens errants », explique Benoît Cockenpot, un éleveur installé au-dessus de la vallée d'Argelès-Gazost. « Ils chassent en groupe et viennent souvent dans les environs. » Benoît Cockenpot vit avec sa famille dans un ancien corps de ferme. Il y élève des chiens de montagne des Pyrénées depuis 28 ans et compte parmi les éleveurs les plus réputés. C'est surtout le caractère de ce chien qui l'impressionne : « Le montagne des Pyrénées protège les troupeaux et est également capable de prendre ses propres décisions, même lorsque son maître n'est pas là ». Cette indépendance le fascine. « Ce chien, qui a par ailleurs bon caractère, est la réponse au problème des chiens errants, qui sont responsables de la mort des moutons dans 90 % des cas. Le montagne des Pyrénées ne vagabonde pas, il est socialisé avec son troupeau et n'attaque pas les autres troupeaux ».

Ci-dessus : les chiots Montagne des Pyrénées pèsent à peine 600 grammes à la naissance.
À gauche : en promenade : l'éleveur Benoît Cockenpot possède quatre chiennes et un étalon.

Ce chien, dont les origines remontent à 1 500 ans, est déjà utilisé dans quelques exploitations. « Mais il existe encore des éleveurs qui préfèrent attribuer la responsabilité des attaques de moutons aux ours plutôt qu'aux chiens du voisinage », résume Benoît Cockenpot. On connaît parfaitement le nombre d'ours qui peuplent les Pyrénées : dix animaux ont été comptés dans la région, selon l'éleveur. Mais les polémiques avec les défenseurs des animaux, qui sont favorables à la réintroduction d'ours en provenance de Slovénie, sont bien plus nombreuses encore. Benoît Cockenpot est persuadé que le chien de montagne des Pyrénées est la meilleure solution pour éloigner les ours et les chiens errants des troupeaux. « Nous essayons de discuter avec les deux parties, éleveurs et défenseurs des animaux, afin de porter

Les troupeaux sont laissés sans surveillance humaine dans les vertes étendues pyrénéennes. Mais ils ne sont pas seuls. Les chiens se sentent responsables des animaux et repoussent les attaques au péril de leur vie.

L'éleveur Benoît Cockenpot tenant quatre jeunes chiots dans les bras. Ses chiens sont de plus en plus demandés depuis qu'il recommande à ses voisins d'utiliser des patous, l'autre nom du montagne des Pyrénées, pour protéger leurs troupeaux.

cette solution, qui est la plus simple mais également la plus efficace, à leur attention », explique l'éleveur tandis qu'il arpente son vaste terrain.

Il est accueilli joyeusement par les quatre chiennes et l'étalon de son élevage. Il les a tous éduqués, et tous quatre sont des chiens de protection très doués. À l'automne et au printemps, c'est la saison des naissances. En ce moment, quatre chiots âgés de trois semaines trottinent dans le pré. « Nous ne voulons pas élever davantage de chiens, confie l'éleveur. Nous ne voulons pas faire de l'élevage de masse, mais élever nos chiots avec amour ». Il caresse les petites boules de poils. Trépidants d'impatience, les yeux encore lourds de sommeil, ils se pressent autour de la grande écuelle qui contient leur repas. Lapant bruyamment, les pattes dans la bouillie, ils sont tout à leur déjeuner : du lait maternisé pour chiot mélangé à des croquettes spéciales.

« Lorsqu'une portée compte plus de sept chiots, nous les divisons en deux groupes afin d'éviter les comportements de dominance », explique l'éleveur. Pour lui, il est important que les chiots s'entendent bien. Les petites bagarres sont autorisées. Mais lorsqu'elles dégénèrent, les chiots sont calmés par des gestes affectueux. « Il ne faut pas qu'ils se montrent agressifs les uns envers les autres ».

Benoît Cockenpot sort une balance. Une fois le repas et la digestion terminés, c'est l'heure de la pesée. Si les petits chiens pesaient seulement 600 grammes à la naissance, trois semaines plus tard, leur poids atteint deux bons kilos. « Les chiens de montagne des Pyrénées sont bien adaptés à mon style de vie, explique Benoît Cockenpot. Ce sont des chiens qui aiment apprendre, mais qui conservent leur indépendance, et sont suffisamment intelligents pour accomplir leur travail seuls. » Les quatre adultes, sûrs d'eux, parcourent le terrain et tiennent en respect le troupeau de chèvres des Pyrénées de l'éleveur. En effet, l'élevage des chiens ne lui rapporte pas suffisamment pour vivre. Il se consacre donc également à la

Le chien de montagne des Pyrénées se caractérise par son exceptionnelle gentillesse et son sens de la famille. Et par sa sollicitude envers les enfants. Les jeunes patous sont particulièrement mignons avec leur fourrure ébouriffée.

production et à la vente de délicieux petits fromages de chèvre. Le lait nécessaire à cette production provient de ses chèvres aux longs poils noirs et soyeux. Diva, une chienne expérimentée, rabroue fermement une jeune congénère qui pince les pattes arrière des chèvres. « Les chiens plus âgés apprennent rapidement aux plus jeunes à se comporter », explique Benoît Cockenpot.

Les chiots sont autorisés à entrer dans sa vieille ferme datant en 1780, dotée d'une grande cheminée ouverte et d'une cuisine confortable. Pour l'éleveur, il est important que les chiots vivent au contact de l'homme, c'est pourquoi il les intègre très tôt à sa vie de famille. Il a aménagé un coin spécialement pour eux dans la salle de séjour. « Il est important que le chien dispose d'un endroit où il peut se reposer calmement et en toute sécurité, explique Benoît Cockenpot. Mais il ne doit pas devenir le centre de la maisonnée, car il ne doit jamais croire qu'il peut prendre le contrôle et devenir le chef de meute. Si on le laisse faire une fois, on n'en tire plus jamais rien ». L'éleveur est convaincu que les premières semaines d'un chiot sont cruciales pour son apprentissage de la vie.

Ses animaux, qui sont ensuite éduqués comme chiens de compagnie ou de protection, sont très demandés dans la région. Très récemment, il a mis en place un programme de chiens de protection afin de faire connaître les avantages de la montagne des Pyrénées au grand public, au point que l'on trouve désormais cette race au Portugal et dans la région italienne des Abruzzes. Le chien de montagne des Pyrénées, également connu sous le nom de patou en France, est un chien de compagnie apprécié. « Nos chiots soudent les familles autour d'eux, explique l'éleveur. Les jeunes chiens ont un fort besoin d'affection, et les animaux plus âgés font preuve de beaucoup de sollicitude envers les enfants. Ils font de parfaits baby-sitters ».

L'éleveur Benoît Cockenpot a découvert sur des photos anciennes la place particulièrement importante qu'occupaient les patous dans les familles des paysans des Pyrénées. Et leur caractère affectueux.

SURVIVRE LE DÉSERT

DANS
DE GLACE

« Un lieu effrayant et fascinant » écrivait l'explorateur polaire Roald Amundsen à propos de l'Arctique. Froid, hostile, fatal. Et pourtant, des hommes y vivent. La toundra de Sibérie abrite les Nénètses, un peuple d'éleveurs de rennes. Leurs troupeaux parcourent les étendues glacées à la recherche de nourriture. Les hommes les suivent. À leurs côtés, des chiens pour lesquels le désert de glace n'a plus aucun secret : les SAMOYÈDES.

Pages précédentes : Un convoi de rennes sur la glace. Les samoyèdes sont toujours à leurs côtés.
Ci-dessus : Camping sur la glace. Une famille met jusqu'à deux heures pour monter sa tente et la démonter.

« Bois ! Et n'oublie pas de remercier Ky'g ». La mère de Grigirij lui tend en souriant une louche remplie de sang de renne chaud. Le jeune garçon et les chiens de la famille sont venus se mettre au chaud à l'intérieur du tchoum, la tente traditionnelle. Le sang de renne est censé le fortifier et lui permettre de récupérer la chaleur perdue à l'extérieur.

Grigirij et les chiens viennent de passer de longues heures à l'extérieur. Ils ont aidé les hommes à séparer le troupeau, qui compte 500 animaux, alors que la température atteint -20 °C et que le vent du nord fait rage. Peu de temps avant la tombée de la nuit, Grigirij a participé au dépeçage d'un mâle particulièrement gros. Lorsqu'un animal est abattu, toute aide est la bienvenue, car il faut aller vite. Si l'on prend trop de temps, la viande gèle sous le couteau et la peau est alors impossible à enlever. Mais le jeune garçon est rapide, et tout le monde a pu le voir à l'œuvre. La journée a été bonne pour lui. Les hommes l'ont félicité. Plus tard, ils rentreront eux aussi dans le tchoum pour se rassembler autour du poêle en fer et déguster du poisson cru et de la viande fraîche. Enveloppé dans une peau de renne bien chaude, Grigirij se couchera dans un coin de la tente, ses chiens à ses côtés, et écoutera les hommes parler. Ils raconteront des histoires, et lorsque ses paupières deviendront lourdes, il remerciera une nouvelle fois Ky'g, son Créateur, avant de s'endormir.

Grigirij et sa famille sont des nomades. Les Russes les nomment Samoyèdes, mais eux-mêmes se nomment Nénètses, ce qui signifie « hommes » dans leur langue. Ils vivent au Nord-Ouest de la Russie, sur la péninsule de Yamal, un morceau de terre avançant dans l'océan Arctique, dépourvu de forêts et recouvert par la toundra

Ci-dessus : Un poêle est installé au milieu de la tente, des fourrures et des planches en bois isolent du sol gelé. Pages suivantes : Une fois que les hommes ont pris place, les samoyèdes se couchent auprès d'eux — ainsi, ils se réchauffent mutuellement.

sibérienne. Situé au Nord-Est de l'Oural et à 600 km du cercle polaire, ce territoire aride et inhospitalier est infesté de myriades de moustiques pendant l'été. En hiver, la température peut descendre sous les - 40 °C.

Toute la vie des Nénètses tourne autour des rennes. Leur viande, leur sang, leur graisse et leur moelle osseuse constituent la base de leur alimentation. Avec leur peau, ils fabriquent des vêtements et des tentes, les bois et les sabots deviennent des boutons, des manches de couteau et des boucles pour les vestes et les ceintures. Les troupeaux de rennes sont immenses. L'été, ils trouvent de la mousse en grande quantité pour se nourrir, mais en hiver la nourriture se fait rare et les animaux doivent partir plus loin. Les Nénètses les suivent. Au printemps, ils parcourent jusqu'à 800 km vers le nord. À l'automne, ils redescendent vers le sud pour rejoindre les campements d'hiver, en bordure de forêt. Leurs chiens, les samoyèdes, sont toujours à leurs côtés.

Chaque famille possède jusqu'à cinq chiens. Ils sont indispensables. Lorsque des étrangers approchent, les chiens avertissent leurs maîtres en aboyant — les samoyèdes aboient volontiers, beaucoup et fort, et ils éloignent les loups et les ours. Ils servent également de chiens de troupeau, et se laissent également atteler aux traîneaux en l'absence des rennes. Ils accompagnent les hommes à la chasse et retrouvent leur chemin jusqu'au campement, même en plein blizzard. Les chiens sont également les compagnons de jeu des enfants et réchauffent leurs maîtres pendant la nuit. Eux-mêmes sont protégés du froid par leur fourrure épaisse, un chef-d'œuvre de la nature en matière d'isolation. Elle est tellement épaisse qu'il est quasiment impossible d'atteindre la peau d'un animal portant son pelage d'hiver, et tellement laineuse qu'une grande quantité d'air peut être emmagasinée entre chaque poil. Les flocons de neige n'accrochent pas du tout sur la fourrure, et même en cas de forte averse, l'eau glacée n'atteint jamais la peau.

Comme la tente, les vêtements des nomades sont en peau de renne. Une première couche est portée avec les poils vers l'intérieur, et une seconde avec les poils vers l'extérieur. Quant aux chiens, rien ne les réchauffe mieux que leur propre fourrure

La vie sous un climat polaire est rude. Pour survivre, il faut tuer. Celui qui se montre trop sensible meurt. Les samoyèdes sont des chiens robustes. Ils peuvent tirer des traîneaux pesant plusieurs centaines de kilos d'une seule traite sur une centaine de kilomètres sans rien avaler entre-temps. Si les hommes ne les nourrissent pas, ils chassent seuls, et même les chiennes élèvent leurs chiots, qui naissent au printemps, sans l'aide des hommes. Ce sont des samoyèdes qui ont tiré les traîneaux de l'expédition polaire menée par Fridtjof Nansen en 1888, et le premier chien à avoir posé sa patte sur le pôle sud était Etah, le chien de tête de l'explorateur polaire Roald Amundsen. Avec 52 autres samoyèdes, il a tiré le traîneau de l'expédition pendant 99 jours sur 3 000 km à travers les glaces éternelles.
Le climat arctique forge le caractère. Et il soude les hommes. Lorsque les Nénètses rencontrent d'autres peuples, ils font la fête et mangent ensemble. L'hospitalité est importante. Ils échangent des informations, transmettent des messages. Les chiens des Nénètses ressemblent à leurs maîtres. Les samoyèdes sont extrêmement attachés à l'homme. Ils sont gentils, sociables et, contrairement à d'autres races nordiques, ils restent joueurs jusqu'à un âge avancé. Leur caractère semble déteindre sur leur apparence : ils ont des yeux en forme d'amandes, et les commissures légèrement retroussées de leurs babines dessinent un sourire.
Le monde des Nénètses est peuplé d'esprits. Ky'g, leur Créateur, les observe à travers le soleil, mais de nombreux autres éléments du paysage, les montagnes, les baies, les animaux, ont une âme. Les Nénètses se montrent particulièrement respectueux envers les animaux. Le raisonnement des habitants de l'Arctique est simple : les hommes ont besoin des animaux pour se nourrir, et ces derniers l'acceptent. En contrepartie, personne n'a le droit de tuer plus d'animaux qu'il ne peut en manger. En outre, les âmes des rennes, renards polaires, lièvres ou phoques tués sont traités comme des hôtes. Les animaux qui aident les hommes sont considérés comme des membres de la famille. Les rennes sont la fierté des

Nénètses. Ils organisent des courses, leurs tressent de précieux licous. Les rennes font partie de leurs rites. Les Nénètses font confiance aux chiens. Ils sont des membres à part entière de la communauté, dans laquelle ils occupent une place bien définie. Si la famille s'assoit en cercle pour manger, les chiens forment un deuxième cercle derrière eux et récupèrent ce qu'on leur donne. Si les enfants vont jouer à l'extérieur, les chiens les surveillent ; si les hommes partent sur leurs traîneaux, les chiens courent à leurs côtés. Chaque enfant de la toundra sait que s'il se perd dans le blizzard, il doit s'agripper à un chien. Ce dernier le réchauffera dans la tempête et le reconduira chez lui.

Les samoyèdes sont arrivés en Europe avec le zoologue britannique Ernest Killburn-Scott. En 1894, il a passé trois mois chez les Nénètses, qui lui ont offert un chiot tout blanc répondant au nom de Sabarka. Quelques années plus tard, il a fait venir une chienne couleur crème, Whitey Petchora, de l'Ouest de l'Oural, et un mâle, Musti, de Sibérie. Il a commencé un élevage, s'est tourné vers le Kennel Club et a présenté ses chiots en exposition. En 1913, les samoyèdes ont été reconnus comme une race à part entière et en 1923, la première association d'éleveurs de samoyèdes, le Samoyed Club of America, a été fondée aux États-Unis.

On ne voit pas souvent des samoyèdes dans les pâturages européens, mais lorsque c'est le cas, leurs propriétaires louent souvent leur gentillesse et leur amour des enfants. Ils ne sont jamais agressifs — à condition qu'ils soient bien traités et se sentent à l'aise — et se montrent extrêmement accommodants, ce qui ne fait pas toujours le bonheur de leurs propriétaires, car ils manifestent ce trait de caractère à l'égard de n'importe qui, même d'un cambrioleur. Les samoyèdes, du moins ceux qui ne vivent pas dans la toundra, ne font pas de bons chiens de garde. Et l'obéissance n'est pas non plus leur fort.

Le samoyède est le chien des déserts de glace et de neige. Difficile de savoir combien de temps encore il pourra les parcourir aux côtés des Nénètses. Car le nomadisme de ce peuple est fortement menacé. La péninsule du Yamal abrite d'immenses réserves de pétrole et de gaz. Leur extraction est rendue extrêmement difficile par les conditions climatiques, et de nombreuses entreprises n'attachent aucune importance à la protection de l'environnement. Des fuites dans les pipelines polluent les sols, les rivières et les lacs. Quelque 20 millions d'hectares de pâturages sont considérés comme irrémédiablement détruits, et plus de 150 rivières sont polluées au point que la pêche a été interdite. De nombreux animaux vivant dans la toundra se blessent sur des morceaux de métal rouillé et une large ligne de chemin de fer, difficile à traverser pour les troupeaux, sépare les pâturages d'hiver des pâturages d'été. En outre, il pleut de plus en plus souvent en raison du réchauffement climatique. La pluie gèle et la glace recouvre la mousse dont se nourrissent les rennes. Par ailleurs, les enfants des éleveurs de rennes s'en vont. Traditionnellement, les enfants commencent leur apprentissage à l'âge de huit ans, mais la scolarité étant obligatoire, ils doivent partir dans des internats. Il ne leur reste que les vacances pour apprendre le métier. Et comme les jeunes de ces contrées sont également séduits par l'iPod, le chauffage central et les vacances à la mer, de nombreux jeunes Nénètses choisissent d'étudier en ville ou de travailler dans un bureau climatisé.

Personne ne peut dire si les Nénètses suivront encore longtemps leurs rennes dans la toundra. Mais aujourd'hui, on trouve leurs chiens partout dans le monde. Ils sont rarement utilisés comme chiens de troupeau, ont été supplantés par des chiens plus rapides dans les courses de chiens de traîneaux, et on n'en croise pas souvent dans les parcs d'entraînement ou les concours d'agility. Ils sont trop obstinés pour cela. Mais grâce à leur caractère confiant et imperturbable, ils attirent sans cesse de nouveaux amateurs. Un samoyède, écrit l'auteure suisse Erna Bosse, est un « grand chien blanc, qui porte toute l'année sur son visage et dans son cœur l'esprit de Noël ».

CROCODILE CORGI

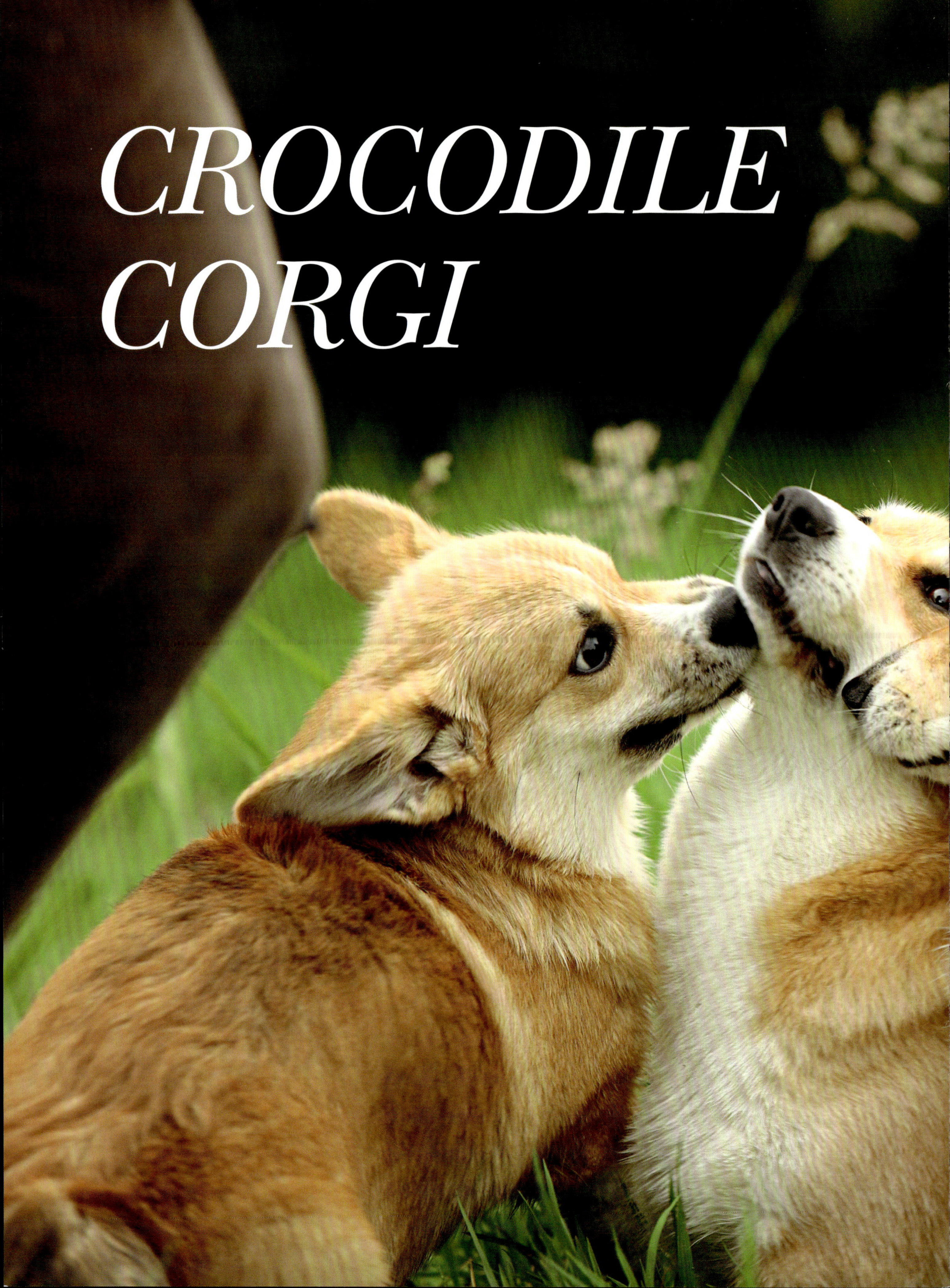

« Un petit animal avec le corps d'un crocodile », voilà comment l'écrivain Guy de Maupassant décrivit le WELSH CORGI après un voyage au pays de Galles. Depuis son enfance, la reine d'Angleterre ne jure que par lui, et lui donne des petits pains aux raisins.

Pages précédentes : Trois Corgis Cardigan se flairent mutuellement. **Ci-dessus :** Le vent souffle sur la prairie, un vrai temps de chien. **Ci-dessous :** Le Corgi est l'attention incarnée. Ces chiens comprennent tout, et se montrent souvent têtus. **À droite :** Aucun problème si le troupeau traverse une rivière, les Corgis n'ont pas peur de l'eau.

CROCODILE CORGI

Pas facile de discuter avec la reine d'Angleterre. « Dans l'ordre, elle aime les chiens, les chevaux, les hommes et les femmes », raconte son biographe Graham Turner. « Et lorsque l'on n'entend rien aux colliers antipuces et aux vétérinaires, affirme l'une de ses dames d'honneur, les sujets de conversation s'épuisent rapidement ». Les négociateurs habiles attendent donc le bon moment, c'est-à-dire l'heure du repas de ses quatre Corgis. Linnet, Monty, Holly et Willow reçoivent tous les jours du poulet cuit, et lorsque c'est possible, la reine leur sert elle-même le repas : « Lorsqu'elle remplit la gamelle, on peut parler de tout avec elle », raconte son ancien majordome Paul Burell.

Les chiens d'Elisabeth Alexandra Mary Windsor, souveraine du Royaume-Uni de Grande-Bretagne et d'Irlande du Nord, mais également de l'Australie, des Bahamas, de la Barbade, du Belize, de la Grenade, de la Jamaïque, du Canada, de la Nouvelle-Zélande, de la Papouasie-Nouvelle-Guinée, des îles Salomon, d'Antigua-et-Barbuda, de Saint-Vincent-et-Grenadines et de Tuvalu, sont célèbres. Lorsque le matin, à 9 heures, un joueur de cornemuse vient réveiller la reine en jouant sous sa fenêtre du palais de Buckingham, ses chiens sont les premiers à qui elle s'adresse. Ils sont également présents lorsqu'elle se promène à travers le palais. Lorsqu'Elisabeth II boit du thé, ses Corgis mangent des petits pains aux raisins. Lorsqu'elle fait gracieusement signe du fond de sa voiture, le mâle est assis à ses côtés. Il n'est pas rare qu'elle laisse tomber quelque chose par inadvertance pendant les repas, et personne hormis son mari le prince Philip (« *bloody dogs !* ») n'est autorisé à se moquer des toutous. En 1969, un documentaire sur la famille royale a été intitulé *Corgi and Beth* par ses producteurs, en référence à l'opéra de George Gershwin *Porgy and Bess,* la reine ayant préféré être filmée avec ses Corgis plutôt qu'avec sa famille.

Si l'un des chiens est malade, qu'il mord un membre du personnel du palais (à l'instar des Corgis de la princesse Anne, la fille de la reine), qu'il lève la patte sur le pantalon d'un haut dignitaire ou qu'il meurt (tous les chiens sont enterrés dans le parc du château de Windsor), la presse du monde entier en parle. Ils sont décrits avec force qualificatifs admiratifs : ils sont « originaux », ont du « caractère », sont « farceurs » et « extraordinaires ». Seul un adjectif manque à leur palmarès. En effet, personne n'a jamais écrit que les chiens de la reine sont beaux.

« Un petit animal court sur pattes, avec le corps d'un crocodile, la tête d'un renard et une queue en forme de

À gauche : Selon la légende, les Corgis seraient un cadeau des elfes : « Prenez ce chien, il vous aidera ». À droite : Les Corgis aiment marcher aux côtés de leurs maîtres. Mais ils aiment également prendre un peu de distance.

trompette », c'est ainsi que l'écrivain français Guy de Maupassant décrivit le Corgi après un voyage au pays de Galles. Un mélange raté de teckel et de chien de berger, avec des pattes arquées, assez intelligent, pas toujours sympathique. « Un chien de travail », dit un connaisseur. « Sérieusement ? » demande un autre. Franchement, avec de tels moignons, en quoi le travail peut-il bien consister ? À mordre les mollets ? « Oui, c'est tout à fait ça, dit l'éleveur Thomas Jones-Rees, les Corgis sont très déterminés, encaissent bien les coups et savent s'imposer. Autrefois, ils étaient utilisés comme chiens de garde et lâchés sur les collecteurs d'impôts, mais ils étaient surtout utilisés pour conduire les vaches ». Leurs pattes courtes leur sont très utiles. Car leur petite taille les rend très alertes, et lorsqu'un taureau approche, leur capacité à s'aplatir extrêmement rapidement est leur meilleure protection.

Les Corgis sont originaires du Pays de Galles, une région de Grande-Bretagne aux côtes escarpées située à l'Ouest de l'Angleterre, d'une superficie d'environ 21 000 km². L'intérieur des terres est vallonné et d'une beauté rude. C'est le pays de Merlin l'enchanteur et du roi Arthur, des chevaliers, des dragons, des châteaux forts et des palais. C'est également la terre des vaches et des moutons. Les champs sont rares, mais on trouve à la place des prairies luxuriantes sur lesquelles les vaches paissaient déjà à l'époque des Celtes. Le rôle des Corgis consistait à conduire les troupeaux et éviter que les animaux ne visitent les terrains voisins. Un travail qu'ils accomplissaient parfaitement. Ils couraient derrière les vaches en jappant bruyamment — les Corgis aboient souvent et fort. Les animaux qui divaguaient étaient bien vite remis dans le droit chemin d'un petit coup de dent dans les mollets. Les chiens évitaient le coup de sabot qui suivait immanquablement. De toute façon, il leur passait la plupart du temps au-dessus de la tête.

Il était indispensable de posséder un Corgi pour assurer les trajets entre l'étable, l'abreuvoir, le pâturage, le marché… Pour les chiens, peu importaient les animaux qu'ils conduisaient. Oies, bœufs, moutons… Ceux qui suivaient la direction indiquée par le chien étaient épargnés, ceux qui s'écartaient du chemin se faisaient pincer. Personne ne considérait les Corgis comme des chiens nobles et élégants, contrairement aux chiens de chasse, mais ils étaient précieux. Dans les lois de Hywel, écrites en 945 et nommées d'après le roi Hywel Dda, Hoël le Bon, le premier roi du Pays de Galles, un Corgi avait autant de valeur qu'un taureau. Le fait de voler ou de tuer un Corgi était lourdement sanctionné.

Du point de vue cynologique, l'explication selon laquelle il descend des chiens de ferme gallois peut sembler pertinente, mais elle n'a rien de particulièrement extraordinaire. C'est pourquoi le Corgi a trouvé sa place dans les légendes galloises. « Nous pensons que le Welsh Corgi est un cadeau des elfes », raconte Thomas Jones-Rees en caressant son chien sur la « selle », la bande de poils blanche qu'il porte sur le cou. Selon les légendes, c'est cette selle qu'auraient chevauchée les minuscules êtres magiques lorsqu'ils apportèrent le Corgi à l'homme. Toutefois, aussi romantiques que soient les légendes, la vie à la ferme était difficile. Les guerres et les querelles de territoire étaient monnaie courante à l'époque. Pour pouvoir entretenir leurs armées, les princes pressuraient les paysans. Il fallait travailler pour manger, et ceux qui ne savaient pas conduire les troupeaux étaient promis à un triste destin de chien de ferme, contraint de chasser les rats et les souris. Si le Corgi, qui n'était connu que de quelques initiés, est sorti de l'anonymat, c'est grâce au duc d'York, devenu plus tard le roi George VI. En juillet 1933, il tomba par hasard sur une petite chienne Corgi chez l'un de ses amis. Les Corgis étaient très rares à l'époque. Huit ans auparavant, le Welsh Corgi avait été présenté pour la première fois en exposition, et la race avait été reconnue par le Kennel Club en 1928. Toutefois, l'enthousiasme du public était resté limité. Certes, ces petits chiens gallois ne manquaient pas de personnalité ni de caractère, mais la plupart ressemblaient à des bâtards. Certains étaient grands, d'autres petits, certains avaient une queue, alors que d'autres n'arboraient qu'un

Le Corgi est une race reconnue depuis 1928. Le standard est large en termes de tailles et de robes : presque tous les dessins sont admis, la queue peut être courte ou longue.

moignon, voire pas de queue du tout. Certains avaient les poils longs, d'autres les poils courts, des oreilles dressées, pendantes, et des taches, des panachures ou des mouchetures de toutes les couleurs. Les Corgis étaient la race de chien la plus hétéroclite du monde.

Mais le duc n'en avait que faire. C'était un homme timide, qui avait souvent subi des moqueries à cause de son bégaiement lorsqu'il était enfant, et était donc très angoissé lorsqu'il devait apparaître en public. Peut-être est-ce donc son expérience personnelle qui l'a poussé à ne pas se fier uniquement aux apparences, ou peut-être est-ce le caractère charmant de la chienne Corgi de son ami. Quoi qu'il en soit, il a voulu lui aussi l'un de ces chiens. Il a pris les coordonnées d'un éleveur. Il souhaitait offrir un Corgi à sa fille Elisabeth, alors âgée de dix ans à peine. Ce n'est toutefois pas la petite fille qui a choisi le chiot, mais sa mère, Lady Elisabeth Bowes-Lyon. Son choix s'est porté sur le chiot qui avait la queue la plus longue : « Je trouve préférable qu'il ait quelque chose à agiter, afin que l'on puisse savoir s'il est content ou non ». The Duke, surnommé plus tard Dookie, a changé la vie du palais. Il était turbulent, rusé, câlin, faisait rire la future reine et la réconfortait dans les moments difficiles. Bientôt, Dookie a été rejoint par la chienne Jane, et comme tous deux étaient les chiens de la famille royale, il ne se passait pas une semaine sans que leur photo ne paraisse dans les journaux. Soudain, tout le monde n'a plus eu que le mot Corgi à la bouche, et l'intérêt des éleveurs pour cette race s'est accru en même temps que la demande.

Les Corgis sont rares. On les élève aujourd'hui partout, mais ils n'ont jamais fait partie du top dix. En Allemagne, on ne compte que 70 naissances par an environ — contre quelque 16 800 pour les chiens de berger, 6 600 pour les teckels et 2 500 pour les Golden Retrievers. C'en est toutefois terminé du méli-mélo de couleurs : les éleveurs se contentent aujourd'hui de deux races de Corgis,

Les Corgis ne sont pas du genre à lambiner sur le canapé. Ils sont intelligents et ont besoin de mouvement. Les 3 000 ans pendant lesquels ils ont été utilisés comme chiens de travail sont inscrits dans leurs gènes.

nommées d'après deux anciens comtés gallois : le Corgi Pembroke et le Corgi Cardigan. Ces deux races sont reconnues par la FCI, la Fédération cynologique internationale, dont le siège se trouve en Belgique. Les chiens de ces deux races se distinguent par leur taille et leur poids, mais pour les profanes ils sont plus facilement reconnaissables à leur queue : les Cardigan ont une longue queue touffue, et les Pembroke une queue courte. De nos jours, ils ne sont plus du tout utilisés comme chiens de conduite. En effet, les troupeaux de vaches n'ont plus besoin d'être conduits par des chiens. Ce qui ne signifie pas que les Corgis, qui sont principalement des chiens de compagnie aujourd'hui, aient perdu leurs aptitudes de chien de travail. Pendant trois mille ans, ils ont été les « chiens à tout faire » des Gallois. Ils conduisaient la vache, la protégeaient et la surveillaient. Ils ne se contentaient pas de recevoir des ordres, mais prenaient des décisions au quotidien. Ce sont des qualités en sommeil chez les Corgis actuels, mais qui ne demandent qu'à être réveillées. « Un jour, j'ai reçu un appel d'un homme qui recherchait un Corgi pour conduire des bœufs et des faisans », raconte Mair, la femme de Thomas Jones-Rees. Tout d'abord, l'éleveuse n'a pas été très enthousiaste. Son chenil Gwenlais est entouré d'élevages de vaches, et elle s'était indignée plus d'une fois du traitement réservé aux animaux dans les exploitations. Toutefois, l'homme au téléphone semblait différent. « Il nous a invités, nous a présenté son vétérinaire et nous a fait visiter son exploitation. » Finalement, Mair et Thomas Jones-Rees ont consenti à lui céder le chiot Mickey — une des meilleures décisions de leur vie d'éleveurs : « Mickey n'a pas mis longtemps à comprendre comment conduire les faisans, les vaches, le cheval de course et les deux ânes. Aujourd'hui, lorsque nous passons dans les environs, nous voyons un Corgi totalement heureux de faire ce pour quoi il est né ».

En tant que chiens de conduite, ils aboient fort et souvent. En réalité, les Corgis nous viennent des familles de paysans celtes. Il est fort possible que leur nom dérive du mot gallois *cor*, qui signifie nain, ou de *cur*, qui signifie bâtard ou cabot.

LE CHIEN-LION

Le parc national Kruger est la plus grande et la plus ancienne réserve animalière d'Afrique du Sud. Les gardes-chasses s'en remettent entièrement à leurs CHIENS DE RHODÉSIE À CRÊTE DORSALE, qui ont déjà sauvé de nombreuses vies dans la brousse.

Pages précédentes : À la chasse dans le parc national Kruger. Le ranger Bruce Leslie compte sur Nala et Matjulu. Les chiens de Rhodésie sont des systèmes d'alerte infaillibles dans les hautes herbes. S'ils ne voient pas les ennemis, ils peuvent en revanche les sentir.

Ci-dessus : Les chiens de Rhodésie sont des chiens de chasse. Leur hauteur au garrot atteint environ 70 cm, et leur poids 30 kg. La surface de chargement du pick-up est parfaite pour parcourir la brousse avec eux.

LE CHIEN-LION

Bruce Leslie sait parfaitement qu'il est en danger. C'est le cas de tous ceux qui patrouillent à pied dans la brousse le long de Crocodile River. Des mambas et des ringhals sont à l'affût. Sans parler des lions, léopards, rhinocéros et buffles que Bruce ne peut pas voir. Le regard fixé sur Nala et Matjulu, le ranger se fraie un chemin à travers les hautes herbes, qui par endroits lui arrivent aux hanches. Les deux chiens sont son assurance-vie. Il semble qu'ils en aient conscience : ils décrivent des cercles autour de leur maître en flairant nerveusement, le protégeant de toutes parts.

Soudain, Nala se fige. Bruce ne voit rien, mais reste calme. Il n'enlève même pas la sûreté de son arme : « Sa crête ne se hérisse pas, explique-t-il. Il doit s'agir d'éléphants postés un peu plus loin. » Si la crête de la chienne, à savoir la bande de poils implantée le long de son échine dans le sens inverse du pelage, s'était dressée, il n'aurait même pas fallu trois secondes à Bruce pour ôter la sûreté de sa carabine et la mettre en joue. Bruce reste détendu. « Elle ne se dresse que lorsque des lions ou des léopards passent à proximité ».

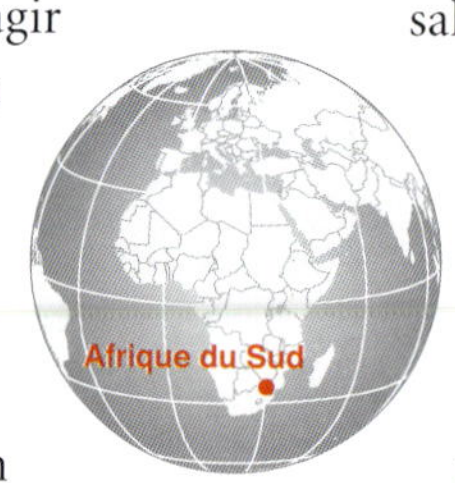

Bruce est l'un des 22 rangers du parc national Kruger, en Afrique du Sud. Il a appris à ses dépens la signification d'une crête dressée sur le dos d'un chien de Rhodésie : « Je dois la vie à Matjulu », dit-il d'un air absent en caressant le jeune mâle sur les flancs. « C'était une femelle léopard âgée entre cinq et six ans, se rappelle-t-il. Elle était cachée sous un acacia et a attaqué sans prévenir. Si Matjulu ne m'avait pas averti, je n'aurais eu aucune chance ». Il n'est pas fréquent qu'un léopard s'attaque à l'homme, mais cela peut s'expliquer : la réserve, d'une superficie de 20 000 km², est bordée à l'est par le Mozambique et au nord par le Zimbabwe. Ce territoire autrefois riche et fertile s'est appauvri, et le PIB par habitant ne dépasse pas 1 000 dollars. Le braconnage n'est qu'une des activités illégales par lesquelles la population tente de survivre. « Cette femelle léopard n'était pas dans son état normal, elle venait de s'échapper d'un piège. Elle était blessée à la mâchoire, à la nuque et était très amaigrie. Elle cherchait simplement à survivre. »

Les chiens de Rhodésie à crête dorsale, également connus sous le nom de Rhodesian Ridgebacks, sont un « produit » de la colonisation. Les colons menaient la belle vie, la chasse au gros gibier était à la mode. C'était un sport dangereux, souvent mortel pour les chasseurs. Car dans la brousse sud-africaine, à la végétation haute, les éléphants, rhinocéros, buffles, lions et léopards sont difficiles à repérer, et il n'y avait pas de chiens de chasse. Et quel chien normal oserait s'approcher d'un lion ? S'il n'y avait aucun chien capable de s'attaquer à un lion, il y en avait un suffisamment courageux pour être au moins capable de l'arrêter : le *Pronkrug*, le « chien à parure dorsale » des Khoïkhoï, un peuple sud-africain.

Les Khoïkhoï étaient un peuple de bergers nomades d'Afrique du Sud. Ils étaient désignés sous le sobriquet de « Hottentots » par les Européens installés en Afrique. Leurs troupeaux étaient gardés par des chiens à l'allure insignifiante, mais réputés très courageux, fidèles et forts. On prétendait même que ces chiens étaient capables d'encercler un lion à plusieurs et de le tenir en respect jusqu'à ce que les chasseurs soient en mesure de le tuer avec leurs lances. Leur caractéristique physique la plus frappante était une bande de poils implantée le long de leur échine dans le sens inverse du reste du pelage.

En 1879, Charles Hem, un missionnaire établi dans ce qui s'appelait à l'époque la Rhodésie, rapporta deux spécimens dans son pays. Ils furent croisés avec des Bloodhounds (taille), des Greyhounds (rapidité et vivacité), des terriers irlandais (talents de chasseur), des bouledogues anglais (force et détermination) et des pointers (capacités d'anticipation). Ces croisements ont abouti à un molosse sensible, à la robe fauve clair à foncé, à la stature élégante, aux nerfs solides et très doué pour la chasse. Il est rapide, endurant, affectueux et courageux. Certes, il ne s'attaquera pas à un lion, mais il n'en aura pas peur non plus. Il suit courageusement les pistes ; son flair et sa

Le chien de Rhodésie à crête dorsale est habitué à travailler en équipe. Deux ou trois individus peuvent s'opposer plus facilement au gros gibier.

Le rollier à longs brins est l'un des nombreuses espèces d'oiseaux vivant dans le parc national Kruger — ces animaux ne présentent aucun risque, ils sont simplement beaux à regarder.

Ci-dessus : Le grand koudou, une antilope de taille impressionnante, dépasse des hautes herbes. Mais ce n'est pas lui qui intéresse le chien de Rhodésie. Il ne présente aucun danger, les antilopes sont bien trop craintives — et rapides.
Pages suivantes : Une rencontre saisissante : un puissant rhinocéros.

vue en font un excellent chasseur. La première association d'éleveurs a été fondée en 1922, et le Rhodesian Ridgeback est reconnu internationalement en tant que race depuis 1925.

Avec 350 kilomètres de long sur 60 de large, le parc Kruger est le plus grand parc national d'Afrique du Sud. Il abrite 147 espèces d'animaux, 500 espèces d'oiseaux et 114 espèces de reptiles. C'est l'un des derniers paradis sur terre pour les animaux — et notamment pour la cinquantaine de chiens de Rhodésie qui vivent là. Ils passent leurs journées dans la brousse en compagnie des rangers, qui protègent un territoire d'une superficie équivalente à celle de la Picardie. « Nous patrouillons toujours deux par deux, nous ne partons seuls que si les circonstances l'exigent, explique Bruce Leslie. Mais dans tous les cas, nous sommes toujours accompagnés par nos chiens. Ils sont notre meilleure protection ». On trouve des Rhodesian Ridgebacks à peu près partout dans le monde. Un chiot coûte entre 600 et 1 500 euros. Leur réputation de « chien-lion » est légendaire, c'est pourquoi ils sont devenus à la mode dans certaines villes. Au fil des débats sur la muselière et la laisse obligatoire, ils se sont retrouvés sur les listes de chiens de combat, avant d'en être finalement rayés. Ce ne sont toutefois pas des chiens « faciles ».

Les chiens de Rhodésie ont un caractère très particulier. On n'en tire rien en faisant pression sur eux ou en les frappant. Les étrangers ne peuvent pas les approcher, mais ils se montrent très affectueux envers leurs maîtres. Ils ont besoin de beaucoup d'exercice et font de merveilleux compagnons, même s'ils ne sont pas faciles. C'est pourquoi des éleveurs sérieux ne les céderont pas à n'importe qui. Leur polyvalence est également ce qui les rend si précieux pour les rangers. À la ferme de Bruce Leslie, située sur le territoire du parc, Nala et Matjulu sont les camarades de jeux de ses fils Adam et Brendan, 9 et 5 ans. Lorsque Bruce s'assoit à son bureau, les deux chiens se couchent à ses pieds. La nuit, ils patrouillent autour de la maison. Ils ne s'éloignent jamais bien loin de la ferme, et sont toujours les premiers à accueillir les étrangers. Ils aboient rarement, ne sont pas agressifs, mais leur imposante stature inspire le respect. Et lorsque le ranger se rend dans le parc, ils se tiennent toujours à ses côtés. Mais ils ont surtout un sixième sens qui leur permet de sentir le danger : « Leur crête ne se dresse qu'en cas de réel danger », raconte Leslie. Aucun ranger du parc ne les a jamais vus hérisser leur crête par erreur. « On ne pouvait rêver d'un système d'alerte plus performant ».

Ils prouvent sans cesse leur intelligence : « Une fois, raconte le ranger Neels van Wyk, mes chiens Boesman et Shana ont découvert dans la brousse un bufflon qui était tombé dans le piège d'un braconnier », ce qui est normalement synonyme d'une mort certaine pour un jeune animal. « Pourtant, cette fois, la patte n'était pas cassée ». Seul problème : un jeune buffle est un animal puissant, qui présente un danger pour l'homme. « Les chiens ont détourné l'attention du bufflon le temps que je l'attache avec une corde, que je le mette à terre et que je le libère. » Après, il a fallu prendre les jambes à son cou. « J'ai escaladé un arbre, mais le buffle s'est lancé à la poursuite des chiens. J'ai croisé les doigts pour eux ». Les Ridgebacks des rangers sont les seuls chiens autorisés dans le parc. Ils font face à la plupart des dangers avec insouciance, mais ne sont pas non plus invulnérables. Leurs principaux ennemis sont les serpents et les crocodiles. Les rangers ont démarré leur propre élevage afin de pouvoir pallier les pertes. C'est un petit élevage, mais il est très suivi en Afrique et reçoit le soutien financier d'amateurs de Ridgebacks du monde entier. Car comme l'explique Bruce Leslie, « Ce sont les seuls Ridgebacks du monde qui peuvent encore faire ce pour quoi ils ont été élevés : chasser le lion ».

En haut à gauche : À la ferme du ranger Bruce Leslie, ses Ridgebacks Nala et Matjulu sont inséparables. En guise de décoration, un crâne d'éléphant.
En bas à gauche : Un Ridgeback ouvre la voie. S'il détecte la présence d'animaux dangereux, sa crête se hérisse.

EN SAVOIR PLUS

Origine, caractère, caractéristiques, adresses utiles... Vous trouverez ici des informations complémentaires sur les races abordées dans l'ouvrage.

BERGER D'ISLANDE

Les bergers d'Islande font partie de la catégorie 5 de la FCI, « chiens de type Spitz et de type primitif ». Ils descendent vraisemblablement du Buhund norvégien. Des comparaisons osseuses ont révélé que ce type de chiens existait déjà à l'âge de pierre. Le berger d'Islande est doué, rusé et a du caractère. Son instinct de chasseur n'est pas très développé, ce qui lui permet de mettre beaucoup d'ardeur au travail. Il faut le tenir occupé en permanence, ou lui offrir la possibilité de faire de l'exercice. Le sentiment d'appartenance est important pour lui. Il aboie beaucoup, mais ne mord pas et fait donc un piètre chien de garde.
Les bergers d'Islande mesurent entre 31 et 41 cm au garrot selon leur sexe. Ils ont une queue ébouriffée qu'ils portent enroulée sur leur dos. Leur fourrure est très épaisse, brillante, et les protège parfaitement contre le vent et les intempéries. La plupart des chiens sont roux, mais ils peuvent également être crème, brun foncé ou gris noir. Leur caractéristique la plus frappante est leur double ergot qui leur permet d'escalader les falaises, à l'instar du Lundehund.
Les bergers d'Islande sont robustes et vivent au moins 12 ans.

Guðni Ágústsson, www.iseyar.is
Club français des chiens nordiques et des Spitz du Japon, http://cfcn.free.fr/SITE

BERGER DE MAREMME ET ABRUZZES

Le berger de Maremme et Abruzzes est originaire de deux régions italiennes : la Maremme, en Toscane, et les Abruzzes, situées plus au sud. Les deux races sont à peu près identiques et sont également désignées sous le nom de berger de Maremme, berger des Abruzzes, berger des Abruzzes et de Maremme, ou sous leur nom italien de *Cane da Pastore Maremmano-Abruzzese*.
Sa fourrure épaisse le protège du froid de la montagne, où il protège toute l'année les troupeaux contre les loups, les ours et autres intrus. Les bergers de Maremme et Abruzzes mesurent entre 60 et 72 cm au garrot, pèsent jusqu'à 45 kg et vivent environ 12 ans. Le berger de Maremme écoute davantage son instinct que l'homme.
Son indépendance et sa vigilance sont restées intactes au fil des siècles. La soumission est rare, les aboiements bruyants sont plus fréquents.

Club des chiens de berger de l'Est et italiens, http://www.cbei.fr

BERGER FINNOIS DE LAPONIE

Les bergers finnois de Laponie ou Lapinporokoira font partie des races les plus rares du monde. Selon les estimations, ils ne seraient que 700 en Finlande, et à peine plus nombreux dans le reste de l'Europe, une bonne partie d'entre eux se trouvant en Allemagne. Ce sont de bons chiens de compagnie, au caractère équilibré, parfois têtus mais amicaux envers tous ceux qui croisent leur chemin. Les Lapinporokoira ont un immense besoin de mouvement et doivent toujours avoir l'esprit occupé. Avant que les éleveurs de rennes ne conduisent leurs troupeaux avec des motoneiges, les chiens pouvaient parcourir une centaine de kilomètres par jour — même lorsque la neige était profonde. Par ailleurs, les Lapinporokoira aboient beaucoup, une prédisposition utile pour conduire les troupeaux, mais que les voisins n'apprécieront pas forcément...

Club français des chiens nordiques et des Spitz du Japon,
http://cfcn.free.fr/SITE

BORDER COLLIE

Un Border Collie doué et bien entraîné peut remplacer jusqu'à 12 personnes dans les exploitations agricoles élevant du bétail, en conduisant moutons, bœufs, chèvres, daims, cochons ou volaille. Car tout ce qui bouge déclenche chez lui un instinct de conduite, et stimule son comportement si caractéristique. Les bergers favorisaient les chiens possédant une stature fonctionnelle et saine, une allure leste, une ossature puissante, un dos droit et une taille leur permettant de se déplacer rapidement et facilement. Les chiens devaient également présenter une poitrine large et profonde et une bonne angulation des membres, avec des pattes longues, puissantes et solides. Les moutons comme les bergers n'attachaient aucune importance à la couleur du pelage, uni ou pie, à sa longueur, au port des oreilles, ni à la couleur d'yeux.

Derek Scrimgeour, www.bordercollie.gb.com
Association française du Border Collie,
http://www.lafbc.net/new_menu/index. php

CHIEN CHANTEUR DE NOUVELLE-GUINÉE

Le chien chanteur de Nouvelle-Guinée pèse entre 8 et 10 kg, et mesure environ 5 cm de moins que son cousin le dingo d'Australie.
Ces animaux vivent dans les forêts de Nouvelle-Guinée, à une altitude comprise entre 1000 et 3000 m. Ce sont d'excellents grimpeurs en raison de la souplesse de leur échine. Ils vivent seuls ou en petits groupes de deux ou trois animaux.
Ils doivent leur nom de chien chanteur à leur cri : ils n'aboient pas mais émettent un hurlement « humain » qui se termine par des trilles.

CHIEN DE MONTAGNE DES PYRÉNÉES

Également connu sous le nom de chien patou, il fait partie des plus anciennes races du monde. Il était déjà connu en Mésopotamie comme chien de montagne à l'époque de la protohistoire. Il semble que les premiers chiens de protection soient arrivés en Europe au IVe siècle. Le standard de race a été élaboré en 1907 par le Pastour club : le chien doit mesurer environ 80 cm au garrot, et peser quelque 60 kg. Il est de couleur blanche, et se montre méfiant envers les étrangers. Il surveille son territoire et chasse les intrus et les ours par des grognements et des simulacres d'attaque.

Réunion des amateurs de chiens pyrénéens, http://www.chiens-des-pyrenees.com

CHIEN DE PHÚ QUỐC

Cette race indigène que l'on rencontre uniquement sur l'île de Phú Quôc est très proche de la race originaire des îles du Golfe de Thaïlande et du Sud-Est de la Thaïlande, le Thai Ridgeback, ou chien thaïlandais à crête dorsale. Cette race se caractérise par la bande de poils implantée dans le sens inverse du pelage le long de l'échine, et que l'on rencontre également chez le chien de Rhodésie à crête dorsale. C'est un chasseur rapide et alerte, qui a bon caractère. Sa fidélité en fait un chien de compagnie idéal, mais sur l'île de Phú Quôc il vit plutôt en liberté et n'appartient à aucune famille en particulier.

CHIEN DE RHODÉSIE À CRÊTE DORSALE

Le Rhodesian Ridgeback ou chien de Rhodésie à crête dorsale est la seule race reconnue d'Afrique du Sud. Ses ancêtres sont originaires de la colonie du Cap, où ils se sont reproduits aussi bien avec les chiens des pionniers de l'époque qu'avec les chiens semi-domestiques des « Hottentots », qui possédaient également une crête dorsale. Le standard original, établi en 1922 à Bulawayo, en Rhodésie (l'actuel Zimbabwe), par F. R. Barnes et inspiré de celui du dalmatien, a été reconnu en 1926 par la Société cynologique d'Afrique du Sud (KUSA). La crête dorsale, nommée *ridge* en anglais, est une bande de poils implantés dans le sens inverse du reste du pelage. Elle doit être nettement définie et symétrique, commencer immédiatement derrière les épaules et se prolonger jusqu'à la pointe de la hanche. Le Ridgeback est utilisé dans de nombreuses régions du monde pour chasser le gibier, mais dans nos contrées il est plutôt utilisé comme chien de garde et de compagnie. Sa croissance est lente : il met 2 à 3 ans pour atteindre sa taille adulte.

Club de race du Rhodesian Ridgeback, http://www.rhodesianridgebackclub.com

CHIEN DE SAINT-HUBERT

Les Saint-Hubert font partie des plus anciennes races du monde. Leurs origines remontent au

IIe siècle. Les mâles peuvent atteindre 70 cm au garrot et peser jusqu'à 60 kg. Ce sont des chiens de compagnie idéaux, mais ils ne conviendront pas aux maîtres qui attachent beaucoup d'importance à la discipline. En tant que chiens courants ou chiens de meute, ils se montrent très endurants. Toutefois, ils sont trop lourds et trop raides pour la chasse à cheval. C'est pourquoi ils sont croisés avec des foxhounds.

Coakham Bloodhounds, Nic et Sue Wheeler, The Kennels, Slivericks Farm, Ashburnham, Battle, GB-East Sussex TN33 9PE, Tél. : 00 44 -14 35-83 05 71, www.coakhambloodhounds.com

Club français du chien de Saint-Hubert, http://www.club-saint-hubert.com

CHIEN NORVÉGIEN DE MACAREUX

Ce chien, également nommé Lundehund, tire son nom du macareux, l'oiseau qu'il chasse. Selon le standard de la FCI, il mesure jusqu'à 38 cm au garrot et pèse jusqu'à 7 kg. La plupart du temps, le pelage est roux à fauve, toujours combiné avec du blanc, l'extrémité des poils étant sombre. Il est dense, près du corps, et relativement court. Le sous-poil est blanc. Les chiens blancs avec des taches foncées sont également conformes au standard de la FCI.

Les chiens norvégiens de macareux possèdent 6 doigts à chaque patte, dont 5 sont complètement développés. Sur les pattes avant, 5 doigts comptent trois phalanges, le 6e doigt n'en comptant que deux. Sur les pattes arrière, 4 doigts comptent trois phalanges et 2 doigts en comptent deux. Le chien norvégien de macareux peut prendre appui sur ses pattes avant, le 6e doigt faisant office de frein.

Club français des chiens nordiques et des Spitz du Japon, http://cfcn.free.fr/SITE

DO KHYI

Originaire du Tibet, il était chargé, à l'origine, de protéger les troupeaux de vaches. La couleur prédominante est le noir, le doré, d'un fauve intense au rouge soutenu, le noir et feu. Les femelles mesurent au moins 61 cm, les mâles 66 cm. Le développement d'un programme d'élevage devrait permettre de mettre fin à la mode du Do Khyi, et de préserver ainsi le caractère authentique de la race.

En Allemagne, le cercle des amis des chiens tibétains soutient une étude sur l'épilepsie essentielle. L'identification chez les chiens atteints d'un marqueur génétique de cette maladie, particulièrement fréquente chez cette race par rapport à la taille de sa population, permettra d'exclure de l'élevage les Do Khyi dont le statut génétique sera connu.

Club officiel du dogue du Tibet, http://sectiondoguestibet.voila.net/accueil.htm

Comité de défense du dogue du Tibet, http://www.dogue-du-tibet.com

Förderkreis Tibethunde e.V., St. Avolderstrasse 103, 66740 Saarlouis, Tél./Fax: 0 68 314 94 74, www.foerderkreis-tibethunde.de

KANGAL

Désigné par la FCI sous le nom générique de berger d'Anatolie avec trois autres races (Akbash, Karabash, Kars). Reconnu comme une race à part entière par le United Kennel Club. Originaire de Turquie, ses fonctions étaient les suivantes: protection des troupeaux de moutons dans les montagnes, chien de garde. Couleurs: toutes, la plus répandue étant la couleur sable avec un masque noir. Taille et poids: de 71 cm/40 kg (femelle) jusqu'à 81 cm/65 kg (mâle).

Association française du berger d'Anatolie, http://berger.anatolie.pagesperso-orange.fr/index.htm

SAGE KOUCHI

Les Sage Kouchi sont des chiens de protection. Comme leurs maîtres prêtent davantage attention à leurs compétences qu'à leur physique, leur apparence est très variable. La hauteur au garrot est comprise entre 70 et 80 cm et le poids varie entre 40 et 70 kg, selon son alimentation et son activité.

Les Sage Kouchi sont des chiens très indépendants, ce qui est dû au fait qu'ils doivent protéger seuls les troupeaux qui leur sont confiés. Ainsi, la soumission ne fait pas partie de leurs qualités. Toutefois, les liens avec leurs maîtres sont très étroits. La FCI ne reconnaît pas le Sage Kouchi comme une race, mais le classe parmi les bergers d'Asie centrale.

Club des chiens de berger de l'Est et italiens, http://www.cbei.fr

SAINT-BERNARD

Les ossements découverts à l'occasion de fouilles montrent que le chien du Saint-Bernard est présent dans les Alpes depuis des centaines années. D'aucuns l'apparentent aux molosses d'Asie.

Il était utilisé par les moines comme chien d'accompagnement et de recherche, et est indissociable de l'hospice du col du Grand-Saint-Bernard, où le chien Barry, qui a servi de modèle aux éleveurs, aurait vécu de 1800 à 1814 et aurait sauvé de nombreuses vies. En 1887, le premier standard uniforme a été établi et l'origine suisse de la race a été reconnue. Selon la FCI, le Saint-Bernard est un chien d'accompagnement, de garde et de ferme. Sa hauteur au garrot maximale est de 91 cm, et son poids de 90 kg. Le Saint-Bernard est très sensible, avec un caractère très fiable; il est doux et affectueux, calme et équilibré et possède un fort instinct de protection.

Fondation Barry du Grand Saint Bernard, Route des Chantons 52, CH-1920 Martigny. Tél. : 00 41-27-7-22 65 42, www.fondation-barry.ch
La fondation organise des randonnées en compagnie des chiens, 1 heure coûte environ 60 euros.

Hospice du Gd-St-Bernard, CH-1946 Bourg Saint-Pierre, Tél. : 00 41 27 7 87 12 36, www.gsbernbard.ch

Musée et Chiens du Saint-Bernard, Route de Levant 34, CH-1920 Martigny, Tél. : 00 41 27 7 20 49 20, www.museesaintbernard.ch

Club français du Saint-Bernard et du Dogue du Tibet, http://www.saint-bernard.asso.fr

SAMOYÈDE

Les samoyèdes mesurent environ 55 cm au garrot, possèdent des yeux sombres en amande, sont joueurs, curieux, et les commissures de leurs babines semblent dessiner un éternel sourire. Le pelage de ces chiens est souvent noir ou brun, les animaux élevés en Europe et aux États-Unis étant entièrement blancs.

Le gros avantage de cette race est son caractère. Les samoyèdes sont très attachés à leurs maîtres, extrêmement affectueux et gentils et veulent être présents partout. Le revers de la médaille : ils font de piètres chiens de protection. Des quatre races de chiens de traîneaux nordiques (les autres étant le husky de Sibérie, le chien du Groenland et le malamute d'Alaska), le samoyède est de loin de le plus facile à conduire. Dans leur pays d'origine ils font office de chien de travail, de garde et de conduite, mais également de compagnie.

Club français des chiens nordiques et des Spitz du Japon, http://cfcn.free.fr/SITE

SLOUGHI

Également appelé lévrier arabe, le Sloughi possède une tête allongée sur un long cou, avec des oreilles pendantes ou légèrement dressées. Il est haut sur pattes et possède des membres puissants. Il se caractérise notamment par ses yeux entourés de noir. La robe des Sloughis varie du sable clair au fauve, avec ou sans masque noir, manteau noir, bringeures noires ou charbonnures. Le type le plus grand et le plus puissant est originaire du nord du Sahara et des régions de l'Atlas. Les Sloughis des régions du sud sont graciles et fins. La hauteur au garrot est comprise entre 61 et 72 cm selon le standard en vigueur.

Club du Sloughi, des Lévriers d'Afrique et du Galgo, http://www.club-slag.net

WELSH CORGI

Il existe deux races de Welsh Corgis : le Corgi Cardigan et le Corgi Pembroke. Les Cardigans ont une longue queue, et toutes les couleurs de robe sont admises. La robe des Pembrokes ne peut être que rouge, fauve charbonné, fauve ou noir et feu, et leur queue est courte. Le Welsh Corgi mesure 30 cm au garrot, et environ 1 m de longueur. Il a de grandes oreilles et un regard éveillé. La FCI le classe dans le groupe 1 des chiens de berger et de bouvier. Les Corgis descendent des chiens de ferme celtes et font partie des vieilles races britanniques. Aujourd'hui, ce sont majoritairement des chiens de compagnie. L'origine de leur nom est sujette à des spéculations. Selon une hypothèse, le nom de « Corgi » aurait été formé à partir du gallois *cor* (nain) et *ci* (chien). Il est également possible qu'il provienne du mot *cur*, qui signifie « bâtard » ou « cabot ». Autrefois, en Angleterre, l'appellation *cur dog* désignait les chiens de travail. La plupart des propriétaires de Corgis les décrivent comme des chiens « très sociables ». Ils aiment les enfants s'ils en côtoient au cours de leur éducation et de leur socialisation. Ils se montrent généralement très joyeux, avec une légère tendance à la mégalomanie, ce qui réserve bien des surprises au quotidien. Ils font également preuve de beaucoup d'assurance, un trait de caractère apprécié chez les chiens de bouvier, mais qui peut s'avérer gênant au quotidien.

Corgis Club de France, http://www.welshcorgi.fr

CRÉDITS PHOTOGRAPHIQUES

Miguel Alvarez/AFP/Getty Images Page 19, droite
Michael Amendolia Pages 130-135, 188 (1)
Debra Bardowicks Pages 2, 4-5, 6, 8-13, 15, 38-81, 110-129, 138-147, 186-187 (4), 188/189 (3), 190
Philipp Engelhorn Pages 26-37, 90-109, 186/187 (2), 188/189 (1)
David Gray/Reuters, Corbis Pages 136-137
Morten Hilmer Page de couverture, Groenlandais de la patrouille Sirius
Lynn James/Getty Images Page de garde
Anders Kristensson Pages 176-185, 188/189 (1), 191
Jacques Langevin/Corbis Pages 158-165, 188/189 (1)
Michael Melford/National Geographic/Getty Images Page 18-19
Eva Mueller/Getty Images Page 23
Christoph Pillitz/Getty Images Page 20, gauche
Rex Features/Action Press Page 133, en haut à gauche
Sabrina Rothe Pages 82-89, 148-157, 186/187 (1), 188/189 (1)
Hamid Sadar/Corbis Pages 16-17
George Steinmetz Pages 20-21
Maria Stenzel/National Geographic Stock Pages 161-163

L'ÉDITION ORIGINALE DE CE TITRE A ÉTÉ PUBLIÉE EN ALLEMAND SOUS LE TITRE « HUNDE DER WELT »

TRADUIT DE L'ALLEMAND PAR :
Caroline Lelong (Carpe Sensum)

8, rue Blanche
75009 Paris
Tél. : 01 48 05 03 03
Fax : 01 48 05 02 04
www.editions-ulmer.fr

RÉALISATION DE LA COUVERTURE : Laurent Melin
SUIVI ÉDITORIAL : Raphaèle Dorniol
IMPRESSION : Zanardi
ISBN : 978-2-84138-541-6
N° D'ÉDITION : 541-01

DÉPÔT LÉGAL : octobre 2011

FSC
www.fsc.org
MIXTE
Papier issu de sources responsables
FSC® C006866